いま親が死んでも困らない相続の話

【大活字版】

税理士法人レガシィ代表社員
天野 隆

はじめに

「いま、親が死んだら……」

＊

この本のタイトルを目にしたとき、みなさんはどう感じられたでしょうか？

「ウチの親はまだまだ元気だから心配ない」

そう思った人もいることでしょう。

「親の死を考えるなんて縁起でもない」

と、もしかしたら不快に感じた人もいるかもしれません。

自分の親には、いつまでも健康で長生きしてほしいと思うのは、人として当然の願いです。親が死ぬことなど考えたくないという気持ちは、親を大切に思う心の裏返しでもあると私は感じています。

しかし、残念ながら人の死は避けて通ることができません。どれだけ深い絆で結ばれていようと、〝お別れ〟の日は必ず訪れます。その事実に気づいているからこそ、みなさんは本書を手に取り、ページをめくる気になったのではないでしょうか。

待ち受ける〝その日〟から目をそむけることなく、素直な気持ちで考えてみてください。

「親が死んだら、自分は何をしなければならないのか？」

大切な親を失えば、残された家族の心は深い悲しみに包まれます。しかし、**悲しみに暮れている時間もないほど、遺族にはやらなければならないことがたくさんあるのです。**

親戚や、故人と親しかった人たちなどへの通知。通夜・葬儀・告別式の手配。死亡届や、世帯主の変更届の提出。年金や健康保険の停止手続き。親が生命保険に加入していれば、死亡保険金の支払い請求もしなければなりません。それらの手続きに必要な書類は、死亡診断書、埋火葬許可証、故人の除籍謄本、遺族の戸籍謄本や印鑑証明書、等々、膨大な量になりますが、そういった大変な〝現実〟を、ほとんどの遺族は、親が亡くなった後で初めて知るのです。

しかし、残された家族がもっとも苦労するのは、実はそこから先の話なのです。死亡直後の手続きが一段落すると、遺族は親が遺した難題に直面することになります。それが、財産の相続です。

亡くなった親の財産は、遺族が引き継ぎます。一般的な例でいえば、父親が亡くなったときは、母親（配偶者）と子どもで遺産を分けます。配偶者がすでに他界していれば、子どもたちで分けることになります。子どもが親よりも先に亡くなっていた場合や、亡父と離婚した先妻との間に子どもがあった場合など、相続人が複雑になるケースもありますが（民法が定める法定相続人については、第3章で詳しく解説します）、親の財産は残された家族にもらう権利があるというのが、相続の根本原則なのです。

「親の財産をもらえるのだから、ありがたいことじゃないか」

と、短絡的に考えている人も多いかもしれません。しかし、その考えがどれだけ甘いものであるか、親が亡くなり相続の当事者になれば、間違いなく痛感するはずです。

相続には、しばしば〝争族〟という当て字が使われます。被相続人（亡くなって相続の対象となった人）が遺した財産をめぐって、相続人（被相続人の財産をもらう権利がある遺族）たちの間でトラブルが起こった事例は、枚挙にいとまがありません。

私は税理士として、相続のお手伝いをさせていただく仕事を30年近く手掛けてきましたが、**誤解を恐れずに言えば、相続ではもめるケースのほうが圧倒的に多いのです。**

相続には、もう一つの当て字があります。それは〝爽族〟です。

〝争族〟と〝爽族〟は何が違うのでしょうか。どうすれば争いになり、どうすれば爽快になるのでしょうか。本書ではそれを明らかにし、「調《ととの》う」遺産分割（107ページ）をご一緒に目指していきたいと思います。

＊

もう一度、考えてみてください。

「いま、親に死なれたら……」

やらなければならない各種の手続きを、滞りなく済ませることができますか？

親の遺産を、残された家族の間でもめることなく、全員が納得する形で分けることができますか？

そして、何よりも親に対して、これを聞いておけばよかった、あれをしてあげればよかったと、後悔しない自信がありますか？

私どもは「相続の駆け込み寺」と言われ、数々の相続トラブルに解決策を提示してきました。本書では、そのノウハウを惜しげもなく開示し、相続問題解決において私どもと一緒に活躍してくださっている弁護士・松下雄一郎さんの監修の下、相続で困らないために必要な知識と、親が元気なうちに最低限やっておくべき準備について解説しています。

相続の入門書として、また、さまざまなトラブルの回避と対策の手引きとして、多くの読者のみなさんに役立てていただけるものと信じています。

２０１２年３月

税理士法人レガシィ代表社員
税理士　天野　隆

目次

第3章 残された家族がやるべきこと

第4章　相続事例〜トラブルの原因から回避策・解決策まで

第5章　遺言書は親子の絆の証明書

第6章　相続税は知らないと損する税金

第1章　〝その日〟は突然やってくる

●――父親の死が招いた〝悲しみ〟

親が元気であれば、相続などまだまだ先の話だと思え、じっくり考える機会をつくろうとは、なかなか考えないものです。しかし、「まだまだ先」と思っているうちに、突然、相続の当事者になってしまうことは少なくありません。

一つの例をお話ししましょう。

飯倉繁さん（38歳）から私が相談を受けたのは、本書の執筆に取りかかろうとしていた2011年の11月のことです。飯倉さんの父親は63歳。3年前に定年を迎えましたが、会社の再雇用制度を利用し、60代になってからも営業の第一線でばりばり働いていました。

「10年以上、風邪ひとつひいたこともない。病気のほうから逃げていくほど元気な父だったんです」（飯倉さん）

週末になれば趣味のテニスサークルに通い、2カ月に一度のペースで山登りにも出掛ける。毎年の健康診断でも異常はまったく見当たらない。日ごろから、自分自身の体調よりも妻や息子夫婦の健康を心配するような父親だったと、飯倉さんは声を詰まらせました。

訃報は、まさに青天の霹靂でした。飯倉さんの父親は、商談中の仕事先で突然意識を失います。すぐに救急車で病院に運ばれたものの、2日後に息を引き取りました。死因は脳溢血《のういっけつ》。お別れの言葉も交わせないまま、飯倉さんは大切な父親を失ってしまったのです。

「父が亡くなって、まさか、こんなことになるなんて……」

そう言ってから、飯倉さんは膝の上に重ねた自分の手を見つめたまま、しばらく黙り込んでいました。

その無言が何を意味するのか。飯倉さんの心中はすぐに察することができました。

(この人も、言いたいことを言い出せない葛藤に苦しんでいる)

私は〝相続〟を専門とする税理士です。私の事務所を訪ねて来られる方々のほとんどは、自分が抱えている問題の核心を口にすることを一度は躊躇《ためら》われます。その葛藤をあえて代弁するならば、こう表現できると私は感じています。

「大切な肉親を失い、心から悲しむべきときに、故人の財産のことで悩むのは人として恥ずかしい」

それでも、いつまでも悩み続けているわけにはいかないのが相続の問題です。身内だけでは、どうしても解決できない……。そうなったときに、専門知識を持った第三者の意見を求めて、私の事務所を訪ねてくる方々が大勢いるのです。

飯倉さんは、長い沈黙の後で、こう口を開きました。

「親が死んでから、遺された財産のことでいろいろ悩む人って、やっぱり多いんでしょうか？」

この一言を、私は飯倉さんが本音を話そうという気持ちになったサインだと感じました。

「と、おっしゃいますと？」

水を向けると、飯倉さんはようやく自分が抱えている相続の問題について、話し始めたのです。

——父親が急逝し、財産の相続の手続きをしなければならなくなった。その役目は、両親と同居していた長男の飯倉さんに任せられました。しかし、父親にどれだけの財産があるのか、すべては把握できない。わかったのは、自宅の不動産と銀行の預金だけ。そのことを妹と弟に伝えると、予想もしていなかった言葉が返ってきたというのです。

「預金が少なすぎるんじゃないの？　お父さんはお金にうるさい人だったから、もっとたくさんあるはずよ」

「兄貴は同居していたんだから、知らないはずはない。どこかに隠しているんじゃないか？」

飯倉さんも、売り言葉に買い言葉で、思わず言い返したといいます。

「親の面倒も見てこなかったくせに、親の金のことになると目の色を変えるのか。いつからそんな恥知らずな人間に成り下がったんだ」

こうなると意地の張り合いです。妹と弟は、兄が父親の財産を隠しているという疑いを拭いきれません。兄は、見つかってもいない父親の財産を欲しがる妹と弟の気持ちが許せません。仲違いする子どもたちを見かねて母親が仲裁に入ると、妹と弟は、長男と母親が共謀していると言い出し、諍《いさか》いはますます泥沼化してしまったのです。

家族間でまともな話し合いもできない状態で、自宅や銀行口座の名義変更もできない――。それが飯倉さんの抱えている悩みでした。

「親の財産のことで、残された家族同士が信用できなくなってしまうなんて、悲しい話ですよね。僕自身は父の財産なんかアテにはしていなかった。こんなことになるなら、財産なんか遺してくれないほうがよかったと、天国の父に言いたい気持ちです」（飯倉さん）

●――相続は「財産の問題」だけではない

私の事務所は、税理士法人として「相続税申告等件数日本一」の実績がありますが、ときとして〝誤解〟を受けることがあります。「相続問題＝相続税の問題」という受け取り方をされる人が少なくないのです。

推理小説やテレビドラマの影響でしょうか、相続というと、親が遺した莫大な財産をめぐって遺族の間で骨肉の争いが起こる、というようなイメージが抱かれやすいのかもしれません。

しかし、〝現実〟は違います。**相続の問題は、親の遺産の額とは関係なく起こる**のです。もちろん、数億円、数十億円という遺産の相続は、税金の問題も含めて、多くの専門知識と実務能力が要求されます。トラブルに見舞われるケースもないとは言いません。ですが、資産家になれば、自分が死んだ後の財産について、自ら生前に何らかの対策を講じているものです。

一般的なケースで考えると、親の財産の評価額が6000万円以上であれば、相続税の課税対象となる可能性があります。**「相続税の基礎控除額」**は、5000万円＋（1000万円×法定相続人の数）と決められています。配偶者と2人の子どもが相続人であれば、5000万円＋（1000万円×3人）＝8000万円を超えた分の財産に相続税がかかってきます（平成27年1月以降に、基礎控除は現行の6割水準まで引き下げられる予定です）。

「ウチはそんなにお金持ちじゃないから、相続税なんか関係ない」と思った人もいるかもしれません。ですが、そう思っている人ほど、相続に無関心になります。そして、無関心でいたことが、いざ相続となってから問題が噴出する原因になることが多いのです。

その傾向は、データにも表れています。**「相続人」**（被相続人の財産をもらう権利のある遺族）の間で財産の分け方についての話し合い（正式には**「遺産分割協議」**といいます）がまとまらず、家庭裁判所の調停によって解決を見た件数は、平成22年度で7987件あります。これを**「被相続人」**（亡くなって相続の対象となった人）の財産の評価額別に見ると、約4分の3に相当する5934件は5000万円以下のケースなのです（司法統計年報「遺産分割事件のうち認容・調停成立件数」）。つまり、〝争族〟は4件中3件が相続税がかからない相続で生まれているのです。

相続税がかかる場合は、被相続人が亡くなったことを知った日の翌日から10カ月以内に、税金の申告書を提出しなければなりません（**「相続税の申告期限」**）。10カ月を過ぎると、ペナルティ（加算税）が課せられます。そのため、相続人も遺産分割協議を申告期限までに終わらせるように努めるものです。

一方、相続税がかからないとわかっていれば、税金の申告をしなくても済みます。いわば、タイムリミットがなくなるわけですから、意地の張り合いや、主張のぶつかり合いは、平行線をたどったまま延々と続くことにもなりかねないわけです。

調停になったときの争点は、誰がどれだけ相続するかという「分け方」になります。しかし、そもそも受け取る遺産の額だけがもめる原因ではないというのが、多くの事例を見てきた私の率直な印象です。**相続争いを根深いものにしてしまう一番の要因は、〝勘定〟ではなく〝感情〟**なのです。

飯倉さんのケースでいえば、相続がこじれた最大の理由は、3人の子どもたちの間に生じた感情面の対立に他なりません。言い換えれば、感情のもつれは勘定のように単純には割り切れないからこそ、解決も難しくなるのです。

実際に、相続人同士の話し合いでは解決できず、調停に持ち込まれた場合、通常は、**「法定相続分」**という民法上の権利に則って遺産が分割されることになります。形の上では、それで争いは決着したことになりますが、相続完了後にしこりが残ることも珍しくありません。

反対に、数字の上では不公平に思えるような遺産の分け方でも、相続人全員が納得できる円満な相続の事例も、実はたくさんあるのです。詳しくは後述しますが、そういったケースに共通するのは、〝勘定〟ではなく〝感情〟に配慮された相続が行われたということです。

相続の問題を論じるときは、金額や割合といった数字で解説する要素がたくさん出てきます。それらの法律上の決まり事はもちろん尊重しなければなりませんが、同時に考えなければならないのは、当事者の〝心〟なのです。

相続は、人と人との間で起こる出来事です。〝財産の問題〟としてとらえるだけでなく、被相続人と相続人、あるいは相続人同士の〝心の問題〟としてとらえなければならないということを、私は最初に申し上げておきたいのです。

●高まる相続への意識

この1年余りの間に、相続に対する一般の人たちの関心が非常に高くなったと感じます。私の事務所に寄せられる相談件数を見ても、10年前の約3・5倍（174件→604件）と著しい増加傾向にあります。そして、相談者の数はこれからもますます増えていくと思われるのです。

その理由を述べましょう。一つは、税制が大きく変わることです。「平成25年度税制改正法案」では、相続税と贈与税に関する大幅な改正が盛り込まれました。その内容は、2年前の平成23年大綱で示されていたものとほぼ同じです。政治の混乱により何度か議論自体が延期され、あるいは棚上げとなっていましたが、政権交代を経てようやく方向性が定まり、平成27年から適用される見通しとなっています。

何がどう変わるのかという内容については、第6章で解説しますが、実質的な資産課税強化（増税）の方向にあることは間違いありません。そして、適用後は相続税の課税対象者がこれまでの2倍以上に増えると予想されます。この大幅改正を前に、相続のことをきちんと知っておきたいと考えるようになった人が増えているのです。

いま一つの理由は、2011年3月11日に起きた東日本大震災の影響です。あの未

グラフ１　税制改正で相続税課税対象者数は２倍以上に！

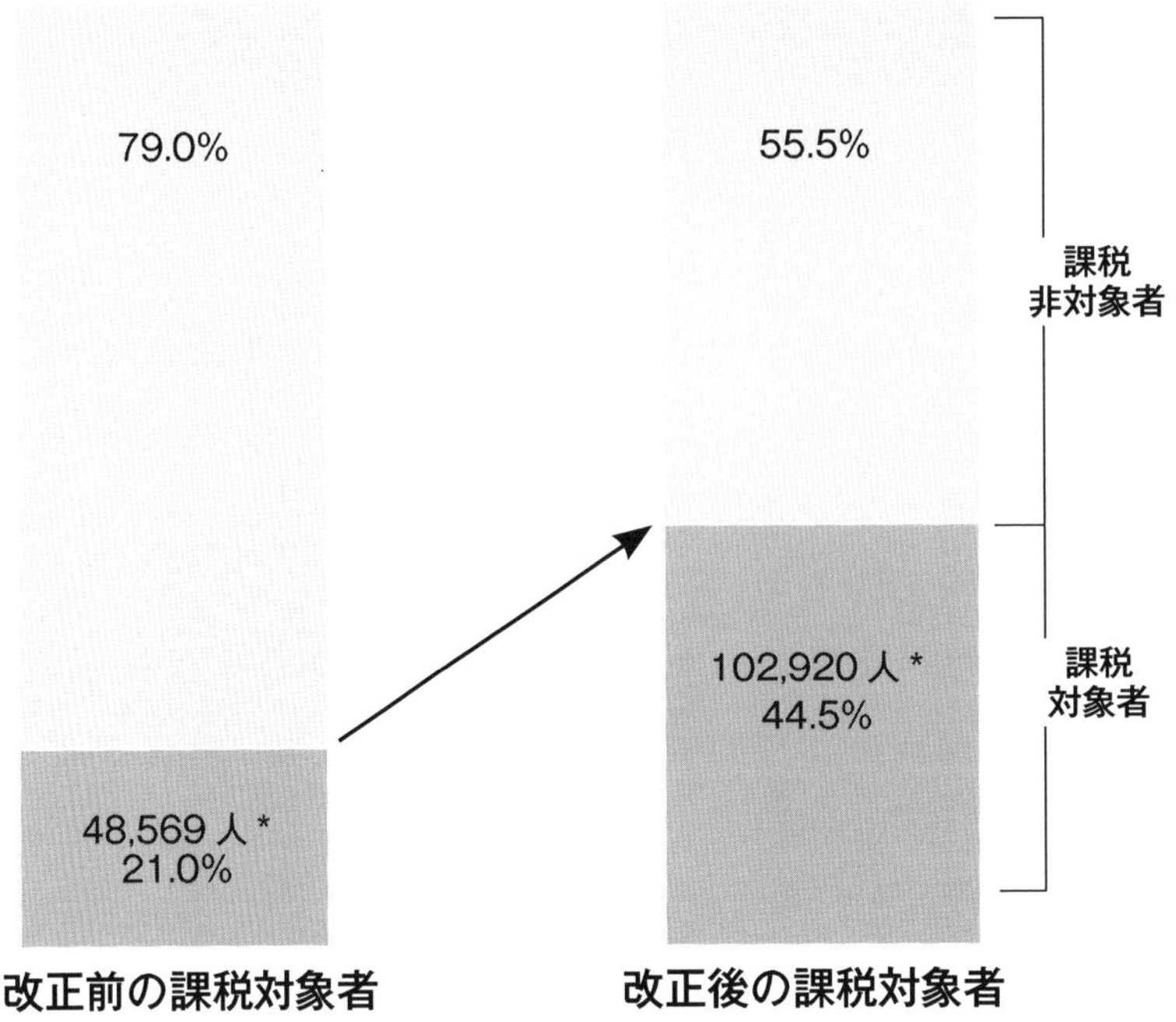

＊税理士法人レガシィ試算

曾有の大災害の後、私の事務所に相談に訪れる方々の口から、「万が一」という言葉が聞かれなくなりました。

平穏に暮らしていた私たち日本人は、「今日の続きは明日、明日の続きは明後日」と思って生きていました。親の死や身内の不幸というのは、それまでは「万が一」の出来事と思うことができたのです。ところが、東日本大震災を経験したことで、「今日の延長が明日ではない」ということに、多くの人々が気づいたのではないでしょうか。

「万が一」という言葉に代わって、

相談者が口にするようになったのは、この一言です。

「今度、何か起こったら……」

災難や不幸は、いつ自分の身に降りかかってくるかわからない。起こってからでは、できることも限られてしまう。そういう意識を持ち始めたことで、いつかは必ず訪れる「親の死＝相続の問題」を、いまのうちに考えておこうと思うようになった人が増えているのです。

●——30代になったら心構えを

親が亡くなり相続を経験する年代というと、一般的には50代以上が多くを占めます。しかし、自分が当事者となる相続の問題は、その年代になってから考えればいいという話ではありません。

相続がうまくいかなくなる典型的なケースの一つに、親の認知症があります。親が自分の財産を管理できない状態だったり、財産をどう相続させたいのかという意思が不明だったことが原因で、いざ相続になって配偶者や子どもたちが途方に暮れることは、実は少なくないのです。極端な例ですが、親が認知症だったために遺言書が無効になったり、悪意を持った相続人によって他の相続人に不利益が生じる遺言書がつくられたりすることさえ、現実に起こっているのです。

相続とは、〝親の遺志〟を受け継ぐことです。親が認知症になれば、〝遺志〟そのものが不鮮明になってしまうのです。

親（被相続人）がどんな相続を望んでいるのかは、親が元気なうちにこそ明らかにし、家族（相続人）の間で共有するのが理想です。そう考えれば、相続に対して問題意識を持ち、親と話し合うのは、子どもが50代になってからでは遅いのです。

親の〝老い〟というものを子どもの世代が感じ始めるのは、（もちろん個人差はありますが）30〜40代の頃ではないでしょうか。それを思えば、30代になって相続に対する心構えを持つのは、決して早すぎることではありません。

現実に、若くして相続人となってしまった人たちのほとんどは、なんらかの問題で「困ったことになった」経験をしているのです。その理由は、「相続なんて、まだ自分には関係ない」と思い、何の知識も持たず、何の心構えもしていなかったからに他なりません。

親がいれば、「いつかは必ず巡ってくる」のが相続です。そして、脅かすつもりはありませんが、「いつ巡ってくるかわからない」のが相続なのです。

この章の最後に、3つの実例を紹介します。このような悩みや苦労が実際に多々あるからこそ、自分が若いうちに、そして親が元気なうちに、もっと相続のことを知っていただきたいのです。本書がその一助となることを、私は心から願っています。

なお、本書で紹介する実例は、プライバシー保護のため名前はすべて仮名であることをお断りしておきます。

◉実例1――相続は突然やってくる

岩崎雄一さん（33歳）は2年前に結婚し、東京の実家で両親と同居していました。祖父の代に建てられた家屋は老朽化が進んでいたため、家族の間では、一人息子の岩崎さんの結婚を機に二世帯住宅に建て替えるプランも出ていました。しかし、話し合いを重ねるうちに、2年後に定年を迎えようとしていた父親が、三階建てのマンションを建てることを提案したのです。

「俺の退職金はすべてマンションを建てる資金にあてるから、あと2年、この古い家で辛抱してくれ」

こう言われて、岩崎さんも納得しました。それに、家族が1階に住み、2階と3階を人に貸せば家賃収入も入る。いますぐ二世帯住宅に建て直すよりも、2年後のマンション建設のほうが得策だと感じたのです。

ところが、岩崎さんの父親は定年を目前にして交通事故で亡くなります。相続のために父親の財産を計算してみると、総額は3億円を超えていました。その多くを占めていたのは土地の評価額です。まさか自分の親にそんな高額な財産があるとは夢にも思わなかったと岩崎さんは話しますが、親が首都圏に不動産を所有しているケースでは、決して珍しい話ではないのです。

岩崎さんは、学生時代の同級生に税理士がいることを思い出し、相談に行きました。すると、「このまま何の手も打たなければ、3000万円近い相続税を納めなければならなくなる」と告げられたのです。さらに、「都心に不動産を持っていたら、相続税対策をしておくのは常識だよ」と指摘を受けます。

相続財産の計算方法や相続税については後述しますが、岩崎さんのケースは、父親が亡くなる前にマンションを建てていれば、財産の課税対象額が圧縮されるため、相続税は発生しなかったのです。

いつ、どんな状況で当事者になるかわからない。それが相続の〝現実〟なのです。

◉実例2――親の責任も子に引き継がれる

相続によって、思わぬ債務を抱えてしまうケースもあります。田代和義さん（39歳）の父親が亡くなったのは2年前のこと。その時点では、不動産や預貯金などの遺産をめぐって家族や兄弟の間でもめることもなく、相続の手続きは円満に済みました。

ところが、1年半ほど経ってから、突然2800万円もの負債の返済を求める通知が届いたのです。差出人は、会ったこともない弁護士でした。書面には、父親が生前に知人の借金の連帯保証人になっていた事実が記されていました。その知人が誰なのか、家族にはまったく心当たりがありません。しかし、書面を送ってきた弁護士に問い合わせると、父親が連帯保証人になっていたことは事実で、借金をした知人が経営する会社が倒産し、当人が自己破産をしたために、返済の義務が連帯保証人に及ぶのだと説明されました。

すでに父親の財産を相続していた田代さんの家族は、亡くなった父親の連帯保証人の義務も引き継がなければなりません（69ページ「遺産分割協議2 何を引き継ぐのか？」参照）。「知らなかった」というのは、田代さんの偽らざる気持ちです。しかし、法的には「知らなかった」では済まされないのが、相続の〝前提〟なのです。

◉実例3――子どもの意思で相続は決まらない

坂口泰司さん（45歳）は3年前にマイホームを購入しました。ところが、9カ月後にリストラで勤めていた楽器メーカーを退職。月々の住宅ローンの返済が重くのしかかってきますが、それでも坂口さんはあわてませんでした。口には出しませんでしたが、父親の財産をアテにしていたのです。

20代で貿易会社を創業した実業家の父親は、7年前に糖尿病が悪化したことが原因で会社を売却し、リタイヤしました。会社を手放す前に、父親は坂口さんに後を継いで欲しいと頼みましたが、音楽好きの坂口さんは「自分が選んだ道で生きたい」と言って、父親の申し出を固辞したのです。

2年後に母親が事故で亡くなり、以来、父親は独り暮らしとなります。その父親の病状が最近思わしくなく、もしものことを坂口さんも考えるようになっていました。リタイヤしたとはいえ、会社の売却益は父親の手元に残っているはず。その財産を相続すれば、住宅ローンなどいっぺんに返済できると、坂口さんは心の中で思っていたのです。

しかし、思惑通りにはいきませんでした。父親の死後、遺言書を見た坂口さんは、自分の目を疑ったといいます。そこには、財産はすべて、ある宗教団体に寄付すると書かれていたのです。

伴侶を失ったあと、気弱になっていた父親の救いになっていたのが、その宗教団体でした。親の会社を継ぐことを拒否し、好きな道で生きることを選択した息子にではなく、年老いた自分の生きる支えになってくれた宗教団体に全財産を無償で譲り渡すことを、父親は遺言書に記していたのです。

遺言書については、第5章で詳しく解説しますが、血を分けた子どもの立場からすれば、このケースは「親の身勝手」と思える遺言かもしれません。しかし、親の財産の行方については、あくまでも親の遺志が最優先されるというのが相続の〝本質〟なのです。

第2章　相続が〝争族〟を生むとき

●──引き継ぐのは財産だけではない

「相続の意味を説明できますか？」

こう質問すると、多くの方々が「亡くなった人の財産を配偶者や子どもが引き継ぐこと」と答えます。実務的には、その解釈は間違いではありません。しかし、これでは相続の本来の意味を正しく言い表していることにはなりません。

「相」という字には、「すがた」という意味があります。単に見た目ということだけではなく、考え方や生き様といった内面をも含めた人の「すがた」が、「相」の字には込められているのです。相続というと目に見える財産のことばかり考えてしまいがちですが、目には見えない遺志を含めた親（被相続人）の「すがた」を家族（相続人）が引き継ぐことこそ、本来の相続という行為なのです。

親が遺した財産をめぐって、家族が争いを起こす──。亡くなった親にしてみれば、これほど辛い出来事はないでしょう。よほど複雑な事情でもない限り、残された家族にはみんなで力を合わせて幸せな人生を歩んでほしいと願うのが、親の遺志であるはずです。そう考えれば、〝争族〟は親の「すがた」をきちんと受け継ぐことができなかった結果と言ってもいいのです。

ところが、残念ながら相続でもめるケースは年々増えています。家庭裁判所に持ち込まれる相続関係の相談件数を見ても、平成12年度の9万62件に対して、同22年度では17万7125件と、この10年で倍増しているのです。

では、実際にどんな事情があって、相続が〝争族〟を生んでしまうのか？　私の知る2つの事例を最初に挙げておきましょう。

◉実例4――親不孝をしているつもりはなかった

次男である工藤浩二さん（41歳）は、大学進学と同時に群馬県の実家を出て、東京で独り暮らしをしていました。

父親は4年前に亡くなり、そのときの話し合いでは、父親の財産は取りあえず配偶者である母親がすべて相続し、母親が亡くなったら、財産は2人の兄弟で仲良く分けるということになりました。

その半年後、母親は階段から落ちたことが原因で、右足が不自由になります。母親の面倒は実家で同居する長男夫婦に任せ、工藤さんは相変わらず東京で独り暮らし。親不孝をするつもりはまったくありませんでしたが、仕事の忙しさもあって、工藤さんは正月も実家に帰れない状態が4年間続いていたのです。

そして、母親が他界。葬儀のために有給休暇を取り、久しぶりに実家に帰った工藤さんに、兄は母親が残した遺言書を見せます。そこに書かれていたのは、「財産のすべてを長男に相続させる」という記述。工藤さんが、「兄弟で仲良く分ける」と約束したことを口にすると、兄は、「そんな約束には何の法的効力もない。おふくろは親不孝なおまえを恨んでいたんだぞ、遺産なんかもらえると思うな！」と一喝されてしまったのです。

＊

同じような状況でも、相続人の立場や考え方によって、相続の様相は変わってきます。実例4の工藤さんのケースを読んだ後で、次に紹介する本山さんのケースはどう感じるでしょうか。

◉実例5――家族を支えてきた苦労が報われない

本山美津代さん（46歳）は長女です。その下に、次女（39歳）、三女（38歳）、長男（33歳）という3人の妹弟がいます。

母親は、長男を生んですぐに他界しました。父親を含めた5人家族にとって、本山さんは昔から母親代わりでもある中心的存在でした。ことあるごとに本山さんは家族間の調整役となり、ときにはリーダーシップを発揮し、妹や弟も本山さんの決めたことには文句を言うこともなく従ってきました。

3人の妹弟は結婚して家を出ましたが、本山さんはいまも独身です。「妹や弟の世話を焼いているうちに婚期を逃してしまいました」と本山さんは話します。妹弟が独立した後も、父親のために家の中のことを切り盛りしてきたのです。

妹も弟も、家族の問題は本山さんに頼りっきりでした。「家のことも、お父ちゃんのことも、全部姉ちゃんに任せた。私たちは何も口出ししないから」と、本山さんはつねづね聞かされていました。しかし、父親が亡くなってみると、妹や弟の態度は一変したのです。

父親が遺した財産は、自宅の不動産とわずかな預貯金だけ。家族の思い出が詰まった住み慣れた家は自分が受け継ぎ、預貯金は父親の葬儀費用に使うつもりでいた本山さんでしたが、初七日も済まないうちから、３人の妹弟がそろって相続分を主張し出したのです。

次女は言いました。

「こんな大きな家に姉ちゃんが一人で住むなんて無駄もいいところ。売り払って、お金に換えれば４人で平等に分けられるじゃないの」

この家は売りたくないと本山さんが突っぱねると、今度は一番若い長男の口から、信じられない言葉が飛び出したのです。

「親父の財産を独り占めするつもりかよ？　その歳になるまで嫁にも行かずに親の脛をかじってきたんだから、本当なら、姉ちゃんの取り分なんかなくてもいいと思うけどな」

結局、本山さんは自宅の売却に同意せざるを得ませんでした。その後、アパートで独り暮らしを始めた本山さんは、妹や弟とはアカの他人のように疎遠になったといいます。相続が発端となって、本山さんは住み慣れた家とともに、家族の絆までも失ってしまったのです。

●──過渡期にある日本の相続事情

相続でもめる原因は多岐にわたります。極論すれば、もめる家族の数だけ、もめる原因もあると言ってもいいのです。

そして、今後も10〜15年程度は、〝争族〟は増え続けると私は推測しています。なぜなら、日本人の相続はいま〝過渡期〟を迎えているからです。

日本の相続制度は、長い間**「家督相続」**でした。家長（親）が亡くなれば、その身分や財産を長男が単独で引き継ぐのが一般的な相続でした。それが戦後の民法改正によって、子どもたちが親の財産を平等に相続する**「均分相続」**に改められたわけです。

しかし、長い間続いていた家督相続の制度——言葉を換えれば、長男を中心とした相続のあり方は、依然として残っています。兄弟姉妹に平等の権利があるとはいえ、いざ相続になれば、土地や家屋は当然のように長男に引き継がせたいと考える親は大勢います。

そんな家督相続の慣習が、緩やかに崩れつつあるのが、いまの日本の相続事情なのです。つまり、是か非かは別にして、民法で定められた均分相続に従って、個々の相続人が自分の権利を主張する時代になってきたということです。

日本の相続事情が過渡期にあるという現状を踏まえた上で、ここからは相続がもめる背景について考えていきます。

●——もめる背景1　相続人はお金が必要な人たち

親が亡くなって、相続人となった人たち——とりわけ30〜40代くらいの世代では、自分の権利を堂々と主張する人がたしかに増えているという印象が私にもあります。

大切な親を失った悲しみと、遺産分割の話し合いとを切り離して考えているといったらいいでしょうか。よく言えば、情に流されることなく自分の権利を冷静に主張するということです。

法律上、次男や三男だから、あるいは他家に嫁いだ娘だからといった立場が、相続で不利益に働くことはありません。「自分にはこれだけの相続分がある」と言って相続人が権利を主張すること自体を、「悪いこと」や「みっともないこと」だと決め付けるのは早計です。

相続は、相続人同士の「心の問題」だと私は述べました。自分の権利を堂々と主張する相続人がいたときは、その理由にも目を向ける配慮が求められます。単にお金が欲しいのか、それとも、お金が必要な事情があるのか。

これから親の相続に直面するであろうという人たちは、総じてお金がかかる世代でもあるのです。一般的なサラリーマン家庭でいえば、住宅ローンを抱えていたり、子どもの教育費がかさんだりと、何かと物入りな人たちが少なくありません。

それにもかかわらず、長引く不況で収入はなかなか上がらず、貯蓄もままならない。

将来のことを考えると、年金への不安もある。そういう状況にあれば、「受け取る権利があるお金は受け取りたい」と思うのは、むしろ普通の感覚ともいえます。

これからの時代、日本人が経験する相続は、お金が必要な人たち同士の話し合いになることが多分に出てくると考えられます。そのときになって、遺産分割協議が財産の奪い合いになることを避けるには、お金を必要とする個々の相続人の事情というものを考慮しなければなりません。

●——もめる背景2　コミュニケーションの欠如

争いごとの多くは、意思の疎通が上手くいかない状況で発生するものです。相続争いも、相続人同士のコミュニケーション不足に端を発しているケースが少なくありません。

自分が相続人の一人になったと想定してみてください。親の遺産をどうするかという協議が持たれたときに、たとえば長男が話し合いの主導権を握り、「オレに任せてくれれば悪いようにはしない」と言って、半ば独断で財産を分けることになったとします。そして後日、「このように分けることにした」という手紙が届き、同意書に印鑑を捺して送り返せと一方的に言われたら、どんな思いがするでしょうか？

実は、こういうケースは非常に多いのです。長男には長男なりの考えがあって分け方を決めたとしても、その「長男なりの考え」を本人の口から詳しく聞かされることなく、決めたことに黙って従えと言われても、なかなか納得して判は捺せないものです。さらに、長男が決めた分け方に不平等感があったりすれば、相続は瞬く間に〝争族〟を生んでしまいます。

核家族化が進んだこともあり、兄弟姉妹が一堂に会する機会が少なくなったと感じている人も多いかと思います。家族全員が顔を揃えるのは、正月かお盆休みくらいなもの。久しぶりに家族が集まっても、そこで親の財産の相続について話し合ったことがあるという人は、ほとんどいないのではないでしょうか？

相続は、人の死によって発生するものです。それを話題にすることは、「縁起が悪い」といってタブー視する家は、いまも珍しくありません。しかし、コミュニケーションなくして円満な相続はありえないのです。

家族同士、あるいは相続人同士で、普段から相続について話していなかったのだとしたら、相続に直面したときには、なおさら密なコミュニケーションが必要になってきます。もめ事の渦中にいる当事者が、言いたいことを腹の中に収めたままでは、解決の糸口さえ見つけることはできません。

こんな例があります。

両親が亡くなり、長男、次男、三男で財産を分けることになりました。亡くなった両親は賃貸マンションに住んでいたため、不動産は所有していません。遺された財産の大半は、数百万円の預貯金です。それを3人で分けるのですから、金銭的にはそれほどもめるケースとはいえません。

ところが、分け方をめぐって、三男が話し合いに応じようとはしないのです。高校卒業後に家を出て独立した三男は、以前から「親の財産なんかに興味はない」と言い続けていました。親の葬儀のときにも、2人の兄に向かって「遺産はいらない」と、はっきり告げていたのです。それが本心なら、遺産分割協議の場で「相続を放棄する」

という意思表示をしろと、2人の兄は再三電話で伝えますが、三男は頑なに話し合いの席に着こうとはしませんでした。

このケース、三男の本心はどういうものだと思われるでしょうか。口では「いらない」と言ったものの、結局は自分も財産は欲しいのだ——。そう考えるのが自然かもしれません。2人の兄も一歩譲って、三男にも財産を相続させる方向で話し合おうと提案しました。しかし、それでも三男は話し合いを拒否し続けたのです。

実は、親の財産はいらないといった三男の言葉は本心でした。一部上場企業に就職し、それなりの地位に就き、子どももいない三男にとって、数百万円の親の財産はすぐに必要とするものではなかったのです。

では、なぜ三男は相続を放棄しようとしないのか。理由は、感情的なものでした。最終的に争いが解決した後、三男は「大人げないとはわかっていたんですが……」と前置きして、こう話しました。

「上の兄貴には子どもが4人もいるし、下の兄貴は自分で始めた広告代理店の資金繰りに苦しんでいた。2人ともお金が必要なことは、僕にもよくわかっていたんです。

僕が相続を放棄すれば、兄貴たちの相続分は3分の1から2分の1に増える。それもあって僕は『いらない』と言ったのに、兄貴たちからは『すまないな』という一言もなかった。それが我慢ならなかったんです」

三男の気持ちを2人の兄がわかっていれば……、あるいは、もっと根本的なことを言えば、3人の兄弟の間で相続に対するお互いの気持ちを確認し合っていれば、争いにはならなかったケースです。それどころか、経済的に苦しい2人の兄のためを思って三男が自分の相続分を放棄したとなれば、これは美談にもなっていたに違いありません。

繰り返しますが、相続は心の問題でもあるのです。相続に関わる当事者たちが、心を開いて意思を確認し合う関係が築けていれば、避けられるトラブルはたくさんあるのです。

●——もめる背景3 配偶者の横槍

コミュニケーションが大切だと述べた後で、こう言うと矛盾していると思われるかもしれませんが、財産の分け方をめぐるコミュニケーションそのものが、争いの火種になることもあります。

たとえば、子どもたちの間で穏やかに話し合いが続いていたと思ったら、誰か一人が途中で態度を豹変させ、権利を主張し出すようなことがあります。こういう場合、突然の翻意は本人の意思というよりも、配偶者の助言によるものであることが多いのです。

自分の夫（あるいは妻）が親の財産を相続することになった。話を聞いていると、どうやら夫（妻）はわずかな財産しか分けてもらえないらしい……。と、わかったとき、「もらえるものをもらえないのは、私たち家族が貧乏くじを引かされるのも同然だ」と感じ、相続人の配偶者が遺産分割に口を挟もうとするわけです。

とはいえ、配偶者は自分から遺産分割の話し合いの中に入ろうとはしないものです。詳しくは次章で解説しますが、民法では相続人の配偶者に相続権を認めてはいないからです。そのために、言葉は悪いのですが、相続人である自分の夫（妻）を〝焚きつけて〟、相続分の権利を主張させるというわけです。

相続人の配偶者というのは、被相続人と相続人との親子関係の中に、後から加わった存在です。言ってみれば途中参加した人間ですから、それ以前の親子のあり方については思い入れも持ちにくいのです。そうなると、〝過去〟ではなく、〝現在〟と〝将来〟のことを踏まえて夫（妻）の相続を見てしまいます。そして、相続の権利を堂々と主張できるようになった時代の変化も手伝って、「私たち家族のためにも、きちんと相続分を主張してください」というメッセージ、というよりプレッシャーを夫（妻）に与えることになるのです。

そういう事例を私は数え切れないほど見てきました。一番辛い立場に置かれるのは、兄弟姉妹と配偶者との板ばさみになった相続人です。

親や兄弟姉妹とは、人生を共にしてきた歴史がある。その関係を相続によってぶち壊しにはしたくはない。

一方で、配偶者と築いた家庭は、自分自身が選んでつくり上げた関係であり、これからも一緒に歩んでいかなければならない。自分の家庭の幸せのために、もらえる財産はもらったっていいのではないか。

こういう悩みを相続人から打ち明けられたときは、私はこうアドバイスすることがあります。

「話し合いの場に、奥さん（ご主人）を同席させてはいかがですか？」

配偶者の口出しというのは、ヤジに似ています。たとえば野球の試合を見に行って、自分が好きなチームが不利な状況になれば、一生懸命応援したくなるものです。ところが、応援しているにもかかわらず、選手が凡退したりすれば、声援はヤジに変わることがあります。頑張ってほしい選手に対しては、「なんで大事な場面でしっかりできないんだ」という思いが湧き、相手の選手にはプレーとは関係のない悪口を浴びせたりする。そういうヤジは、客席で傍観しているからこそ言えるのです。

相続人同士の話し合いの場に配偶者を同席させるということは、客席に座っている傍観者をグラウンドに立たせるようなものです。全力で真剣にプレーしている選手の姿を目の当たりにすれば、心ないヤジは飛ばせるものではありません。話し合いの場で、自分の夫（妻）がどういう立場にあり、親や兄弟姉妹たちとどういう家族関係にあるのかがわかったことで、配偶者の口出しがピタリと収まることはよくあります。

実際に、親の財産を相続する夫に、「絶対に他の兄弟には譲らないように」と、妻が横槍を入れていたケースがありました。このときも、私は配偶者の同席を提案したのですが、話し合いの輪に一度加わっただけで、妻は一切の口出しをやめたのです。

実は、結婚する前の夫は、親のお金を勝手に持ち出したり、兄の紹介で就職できた会社をクビになったりと、家族に大変な迷惑をかけていたのです。その後、夫は心を入れ替え、妻も真面目な人生を送っている夫しか知らなかったのですが、夫の過去の不徳を知った妻は、態度を一変させたのです。

その妻の口から穏やかに語られたこの一言は、いまも私の心に強く残っています。

「苦労をかけたお父さんを、これ以上困らせたら罰があたるわね。親の遺産なんかアテにしないで、立派なお兄さんたちに感謝しなきゃ」

目に見える財産だけでなく、目には見えない故人の遺志を引き継ぐ――。そういう理想の相続は、当事者たちの心が一つになれば、必ず果たすことができるものだと私は思っています。

第3章　残されたた家族がやるべきこと

●相続開始直後は、悲しむ時間もないほど忙しい

この章では、相続が発生したときに必要な手続きについて、流れを追いながら解説していきます。

一般的に、相続は「10カ月以内に終わらせるもの」と言われますが、それは相続税の申告期限が相続の開始（親の死亡を知った日の翌日）から10カ月以内と定められているからです。相続税を納める必要がなければ、必ずしも10カ月以内に終わらせなければならないということはありませんが、相続は長引けば長引くほど円満な解決が難しくなると思って間違いありません。遅くとも故人の一周忌には、墓前に手を合わせて「円満に相続させていただきました」という報告をしたいものです。

ところで、10カ月という期間は、どのように感じるでしょうか？　「それだけあるならあわてることはない」と思う人もいるかもしれませんが、その間に遺族がやらなければならないことは、想像以上にたくさんあるのです。

本書の冒頭でも述べましたが、相続になれば集める書類だけでも膨大になります。たとえば、相続人を確定する（隠し子などがいないことを証明する）ためには、親（被相続人）が生まれてから死ぬまでの戸籍謄本が必要になります。さらに、相続後の各種の名義変更を滞りなく行うためには、相続人全員の戸籍謄本、住民票、印鑑証明書、不動産の登記簿謄本、評価証明書などを揃えなければなりません。

親が亡くなってから10カ月以内にやるべき手続きなどのおおまかなスケジュールは、次ページの**図1**にも掲載しましたが、さらに具体的に見ていきましょう。

まず、親が亡くなった直後の2、3日は、悲しみの涙を流す時間もないほど、遺族は多忙に見舞われます。葬儀の手配、親戚や知人等への通知、死亡届の提出、通夜、葬儀、告別式……。喪主になれば、初七日の法要が済むまでは、なかなか相続のことまで頭は回らないかもしれません。

しかし、早急にやっておかなければならないことはたくさんあります。たとえば、葬儀費用の確保です。日本消費者協会の調査では、葬儀にかかる支出の平均は199万8861円（平成22年）となっていますが、故人の預貯金は、死亡がわかった時点

図1：相続のタイムテーブル

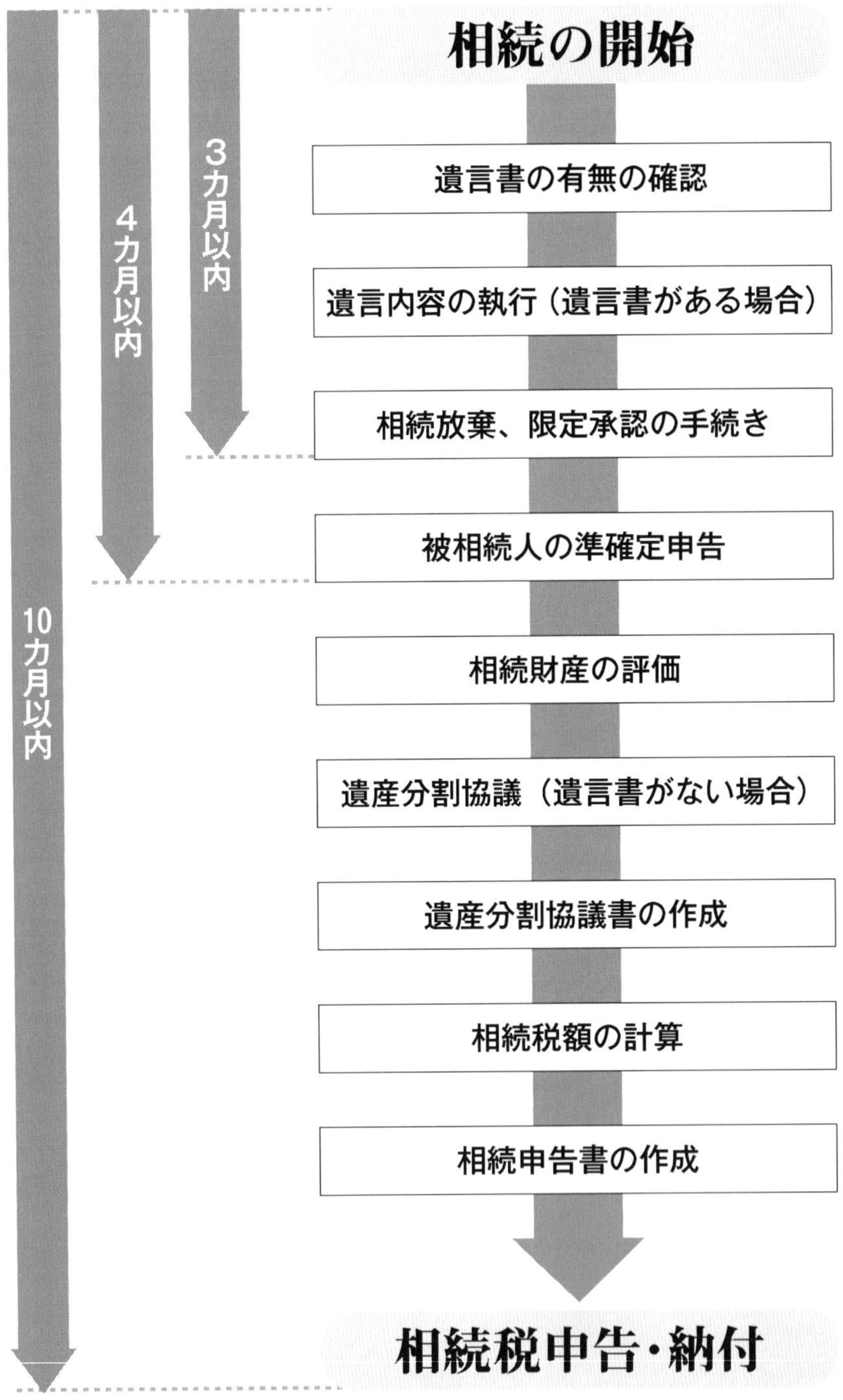

で金融機関が口座取引停止の措置をします。父親の死後、家族の財布代わりになっていた父親名義の口座が凍結され、お金が引き出せないために葬式代が払えなかったり、遺族が生活費に困ったりすることは、意外に多いのです。

また、世帯主変更届、健康保険や公的年金の停止（資格喪失）手続きはいずれも、期限が死亡後、早いもので5日から長くても14日以内です。手続きをせずに亡くなった親の年金を遺族が受け取ったりすれば不正受給になり、全額返還しなければなりません。

その他、公共料金（電気・ガス・水道・電話・NHK受信料など）の名義変更や解約も、1カ月以内には手続きをするべきです。支払いが自動引き落としになっている場合、口座が凍結されて、個別に支払うことになってしまうからです。

見過ごされがちなのは、クレジットカードや各種の会員、インターネットのプロバイダといった会費のかかる契約です。たとえばスポーツクラブなどは、まったく利用しなくても、退会届を出さずにいれば会員契約は自動的に継続し、会費を支払う義務が生じます。

■年金、一時金、補償金、保険金等の請求手続き

	項目	期限	届け出先
□	死亡一時金の請求	2年以内	年金事務所等
□	埋葬料、葬祭費、高額医療費還付の請求	2年以内	市区町村役場、年金事務所等
□	入院・手術給付金、死亡保険金の請求	2〜3年以内	生命保険会社等
□	未支給年金、遺族年金の請求	5年以内	年金事務所等
□	未払い給与、死亡退職金の請求		勤務先

■その他の届け出、申告、登記等

	項目	期限	届け出先
□	死亡届	7日以内	市区町村役場
□	所得税の準確定申告	4カ月以内	被相続人の住所地の税務署
□	相続税の申告・納付	10カ月以内	相続人の住所地の税務署
□	土地・家屋の移転登記		所在地の法務局・出張所

＊期限が記されていないものは、なるべく速やかに

遺族が行う各種届け出チェックリスト

■名義変更（または解約）等の手続き

	項目	期限	届け出先
□	世帯主変更届	14 日以内	市区町村役場
□	住居の賃貸契約		大家、不動産管理会社、公団等
□	固定電話･電気･ガス･水道		所轄の各営業所、水道局
□	携帯電話、プロバイダ		各事業会社
□	ＮＨＫ受信料		フリーダイヤル受付窓口
□	預貯金の名義書き換え		銀行等の金融機関
□	株式の名義書き換え		証券会社・証券代行信託銀行
□	自動車の名義変更		管轄の陸運支局事務所

■公的機関や会員制度などへの資格喪失（停止）、退会、解約等の手続き

	項目	期限	届け出先
□	健康保険（国保以外）	5 日以内	勤務先または年金事務所
□	厚生年金	10 日以内	年金事務所等
□	国民健康保険	14 日以内	市区町村役場
□	国民年金	14 日以内	年金事務所等
□	パスポート		各都道府県の旅券課
□	運転免許証		最寄りの警察署
□	会社等の身分証明書		勤務先
□	クレジットカード、各種会員カード		各事業会社（年会費等に注意）

これらの手続きには、電話一本で済むものや、放っておけば自動的に失効するものもありますが、中には所轄の機関に足を運んだり、事前に必要書類を用意しなければならないものもあります。

できればリストを作成し、できるものから速やかに手続きを済ませるようにします（前ページチェックリスト参照）。

遺産分割協議1　誰が引き継ぐのか？

親の死後、速やかに行わなければならない各種の手続きを済ませる一方で、相続の準備も始めなければなりません。その際、最初にやらなければならないのは、遺言書の有無の確認です。

遺言書については第5章で詳しく述べますが、遺言書があるか、ないかによって、相続の進め方はずいぶん違ってきます。遺言書は「財産の内訳」や「相続人との関係」といった要件をほぼ把握した上で書かれた親の遺志ですから、通常の相続では遺言書の内容が最優先されますし、遺言書に従うことで相続が問題なく完了することも多いものです。

大変なのは、遺言書がない場合です。といっても、日本人の相続の大半は遺言書がないのが現状です。そのため、多くの人たちが相続で苦労を味わうという現実があるのです。

親が遺言書を作成していなければ、「誰が何を引き継ぐのか」は、相続人全員が話し合って決めなければなりません。これが「遺産分割協議」です。相続が〝争族〟を生むケースの多くは、この遺産分割協議の過程で起こっています。

遺産分割協議に入る前に、必ずやらなければならないことが2つあります。その一つは、相続人を明らかにすること（＝誰が引き継ぐのか）です。

法的に財産を引き継ぐ権利を有する人を**「法定相続人」**といいます。その範囲と優先順位は次ページの**図2**に示します。法定相続人になれるのは、次の4つの立場の人です。

図2：法定相続人の範囲と優先順位

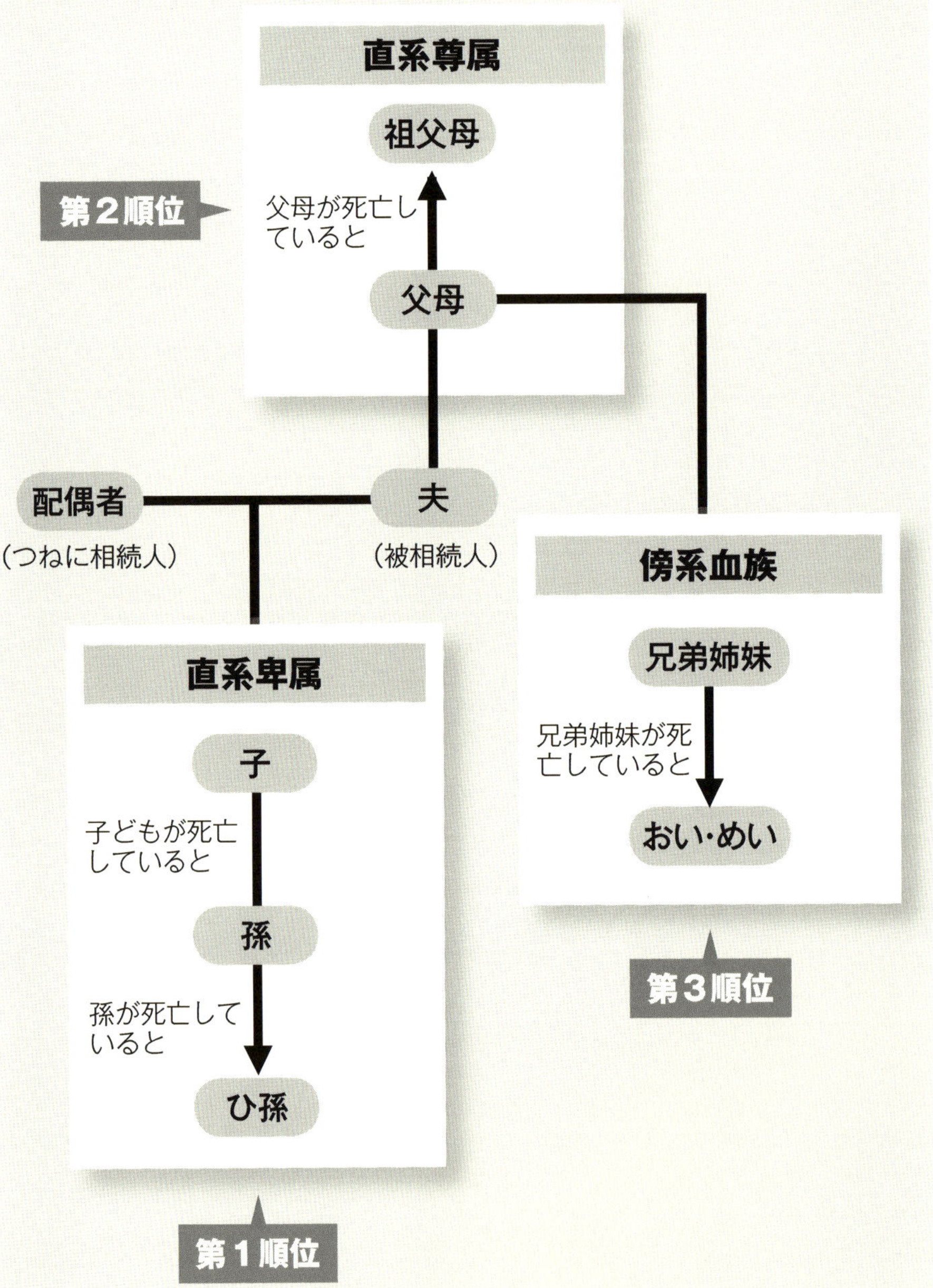

①被相続人の配偶者
②被相続人の子ども、孫、ひ孫（**直系卑属**・第1順位）
③被相続人の父母、祖父母（**直系尊属**・第2順位）
④被相続人の兄弟姉妹、おい・めい（**傍系血族**・第3順位）

遺言書によって血縁関係にない他人が財産を相続することも可能ですが、法律で定められている相続人は家族や身内に限られます。

また、法定相続人には優先順位が決められていて、相続できる人は次のように限定されます。

・配偶者はつねに法定相続人になる
・配偶者以外は優先順位の高い相続人が法定相続人になる
・異なる順位の相続人が同時に相続人になることはない

つまり、配偶者は別格として、まず相続の資格があるのは直系卑属であり、直系卑属が一人もいなければ、次に直系尊属に、その両者が一人もいなければ、そこで初めて傍系血族に相続の権利が発生するのです。

頻繁にあるわけではありませんが、複雑な家族関係になると、被相続人と生計をともにしていた家族（同居人）の中に法定相続人ではない人がいたり、家族が一度も会ったことのない人が法定相続人だったりすることも出てきます。

実際に、こんな例もあるのです。

◉実例6――「法定相続人」という名の他人

亡くなった父親に離婚歴があったことを、茅野孝さん（40歳）は知っていました。「学生結婚をしたけれど、あれは若気の至りだった」と、生前の父親から聞かされていたからです。

父親は20歳で結婚したものの、2年で離婚。その5年後に再婚し、新しい配偶者との間に生まれたのが茅野さんでした。

茅野さんの父親は亡くなる前に、「自分が死んだらこの人たちに知らせて欲しい」という通知リストをつくっていました。そこには、前妻の連絡先も載っていました。

父の希望通り連絡をすると、前妻は葬儀に参列し、悔やみの言葉を述べて帰ったといいます。茅野さんにとって、そのときが父親の前妻との初対面でした。

葬儀から2週間後。茅野さんは父親の前妻と再会します。訪ねてきた前妻は、30歳くらいの女性と幼い少女を連れていました。そして、同行の女性が、少女の頭をなでながらこう切り出したのです。

「この子にも、お父様の財産を相続する権利があるので、その相談に参りました」

見たこともない幼い少女に、父親の財産の相続権がある——。茅野さんは、その意味をすぐには理解できませんでした。しかし、よくよく話を聞いてみると、それは法的に正しい主張だったのです。

茅野さんは知らなかったのですが、父親と前妻との間には息子が一人いたのです。離婚したとはいえ、その息子は父親にとって嫡出子（実の子）ですから、茅野さんとは同等の相続権があります。しかし、その息子本人は2年前に事故死していました。そうなると、相続権は息子の子どもに引き継がれます。詳しくは後述しますが、これは**「代襲相続」**という制度です。

同行の女性は、父親と前妻との間に生まれた息子の配偶者で、連れていた幼い少女は亡くなった息子の嫡出子でした。つまり、幼い少女は「代襲相続人」の立場にあり、法的には茅野さんと同等の相続権が認められる存在だったわけです。

家族関係が複雑な場合、誰が相続人なのかを確定するのが難しくなることもあります。では、ここでちょっと質問です。以下に挙げる立場の人は、法定相続人になると思いますか?

①被相続人の養子
②被相続人と生計をともにしていた内縁の妻(夫)
③被相続人と内縁の妻(夫)との間に生まれた子
④被相続人と離婚した元配偶者と暮らしている実の子
⑤被相続人の配偶者の連れ子
⑥被相続人の配偶者のお腹の中にいる胎児

⑦被相続人の長男の死亡後も同居し、家事や身の回りの世話をしていた長男の妻

簡単に解説しましょう。

①養子は法定相続人になります。実際に、相続人の数を増やして相続税対策とするために、被相続人が生前に第三者と養子縁組をすることもあります（ただし、税法上の法定相続人になれる養子の数は、実子がいる場合は1人まで、実子がいない場合は2人までという制限があります）。

②内縁関係にあるパートナーは法定相続人にはなれません。愛人も同様です。最近は婚姻届を出さずに生活をともにする、いわゆる事実婚の夫婦も増えていますが、法律上の婚姻関係にないパートナーは、どんなに愛情が深かろうが、また暮らした年月が長かろうが、法定相続人にはなれないのです。

③婚姻関係にないパートナーとの間に生まれた子ども（非嫡出子）には相続権がありませんが、被相続人が認知をしていれば法定相続人になります。たとえば父親が家族に内緒で外に愛人をつくり、その愛人との間に生まれた子どもを認知していたりす

れば、父親が亡くなった後で、会ったこともない異母兄弟が法定相続人として名乗りを上げることもありうるわけです。

④離婚した元配偶者と暮らしている実の子は法定相続人になります。離婚をすれば夫婦関係は消滅しますが、親子の関係はなくなりません。たとえば、離婚し、子どもを母親が引き取った場合。その後、数十年間も会うことがなかった父と子でも、子どもには父親の財産を相続する権利が法律上認められているのです。

⑤配偶者の連れ子は被相続人にとって非嫡出子ですから、法定相続人にはなりません。父親が後妻の連れ子を実の子同然にかわいがっていたとしても、法律では他人の子扱いになるのです。これは父親が初婚（配偶者のみが再婚）の場合でも同じです。ただし、多くの場合は連れ子を養子にすることで嫡出子と同じ権利が保障され、連れ子も法定相続人になることができます。

⑥胎児も法定相続人になります。亡くなった父親の妻が妊娠していれば、お腹の中の赤ちゃんも相続人の数に含めなければなりません。相続人が未成年の場合は、遺産分割協議は親権者（⑥の場合は妊娠中の妻）が法定代理人となります（ただし、親権

者自身も相続人の場合には、利益相反となりますので、別に特別代理人を選任する必要があります)。

⑦被相続人の子どもの配偶者は法定相続人にはなりません。たとえば長男の妻であれば、夫が死亡したときに夫の法定相続人として夫の財産を引き継ぐことはできますが、夫の死によって義父の財産を相続する権利までは引き継げません。夫の死後も家族の一員として同居し、義父の療養看護などを引き受けていたとしても、法的には義父の財産を相続できる立場にはないのです。ただし、亡夫との間に子ども(被相続人の孫)がいれば、亡夫の法定相続人の権利は子どもに引き継がれます。

これらの他にも、法定相続人であっても相続ができなくなることがあります。相続の**「欠格」**と**「廃除」**がそれに当たります。

相続の欠格は、自動的に相続権を失うことで、次の5つの事由によります。

①被相続人、あるいは自分よりも先順位の相続人、あるいは同順位で相続人になるはずの人を、殺害したり、殺害しようとしたために刑に処せられた

②被相続人が殺害されたことを知りながら、そのことを告訴・告発しなかった
③詐欺・あるいは強く迫って被相続人に遺言書を書かせたり、遺言書を取消・変更させた
④詐欺・あるいは強く迫って被相続人が遺言書を取消・変更することを妨害した
⑤被相続人の遺言を偽造・変造したり、破棄・隠匿した

また、相続人の廃除は、次のような行為があった相続人に対して、被相続人が家庭裁判所に請求して認めてもらうことにより、相続権を失わせることです。また、被相続人が遺言して、自分の死後に家庭裁判所に認めてもらう方法もあります。

①被相続人を虐待した
②被相続人に重大な侮辱を加えた
③その他、著しい非行があった

ただし、家庭裁判所が廃除を認めるケースは、必ずしも多くありません。

＊

遺産分割協議は、法定相続人全員が参加して行うのが原則です。たとえば仲の悪い兄弟を除け者にしたり、父親の先妻に引き取られた異母兄弟に知らせずに遺産分割協議をしても無効です。はずされた人からクレームが出れば、はじめから協議のやり直しになります。すでに登記などを移し終えていても、やり直さなければなりません。また、法定相続人以外の人間が相続人として介入すると、法定相続分に則った遺産分割協議ができなくなる可能性があります。

亡くなった親の財産を「誰が引き継ぐのか」は、法定相続人のすべてを把握するところから始まると心得てください。

●──遺産分割協議2　何を引き継ぐのか？

遺産分割協議に入る前に、必ずやらなければならないことの二つ目が、亡くなった親の財産の内容を調べて評価額を算出すること（＝何を引き継ぐのか）です。

相続税は、お金で売買できるものにかかってきます。言い換えれば、お金に換えることができるものが「相続財産」になります。その代表的なものが現金、預貯金、有価証券（株、投資信託等）、不動産、ゴルフの会員権などです。この他に、自動車や家具、貴金属や宝石、美術品や骨董品なども、高額で売買できるものであれば相続財産になることがあります。

土地や建物などの不動産は、遺産分割協議に入る前に、必ず評価額を出しておかなければなりません。仮に、「親の家は長男が相続するのだから、不動産の評価額なんて知らなくてもいい」などと思っていると、土地の値上がりで評価額が想像以上に高くなっていて、遺産分割協議後に税務署から相続税の未納を指摘されたりすることもあります。

「ウチは相続税なんかかからない」と思っていても、相続が起こったら財産目録を作成し、お金に換えられる財産は被相続人が亡くなった日の「時価」で、すべて評価額を算出しておきます。

財産の中には、少し特殊な扱いになるものもあります。たとえば親が加入していた生命保険金や死亡退職金です。これらは**「みなし相続財産」**といわれ、相続税を計算するときには親の財産の一部として課税対象となりますが、お金そのものは、生命保険の契約や退職金規程で指定された受取人の財産となり、遺産分割の対象にはなりません。ですから、生命保険金や死亡退職金は、遺産分割協議とは関係なく受取人が請求の手続きを取ります。

また、親が生きている間に相続人に贈与された財産（**「生前贈与」**）についても、死亡した日からさかのぼって3年以内のものは相続財産とみなされます（贈与については第6章で解説します）。もしも、亡くなる2年前に親（被相続人）が2人の子ども（相続人）に500万円ずつ贈与していれば、1000万円が相続財産に加算されることになるのです。

そして、注意しなければならないのは、借金などの債務もマイナスの財産として相続財産に含まれることです。

被相続人のすべての権利・義務を無条件で継承することを**「単純承認」**といいます。

相続が発生してから何もしないでいれば、相続人は単純承認したものとみなされます。この場合、マイナスの財産がプラスの財産よりも大きければ、子どもは負債を背負わされることになってしまいます。その救済措置として認められているのが**「相続放棄」**です。相続を放棄すれば親の遺産を受け取ることはできませんが、借金の返済義務も負う必要はなくなります。

相続というと、「引き継いで得をするもの」という印象が強いかもしれませんが、「引き継げば損をする」相続も、実は増えているのです。平成22年度に家庭裁判所で受理された「相続の放棄の申述」は16万2９３件に上ります（司法統計年報「家事審判・調停事件の事件別新受件数―全家庭裁判所」）。昭和60年度の同件数は４万６２２７件でしたが、バブル崩壊後、マイナスの財産を遺して亡くなる親（被相続人）が増えたことを、この数字は物語っています。

被相続人に把握できない借金がありそうな場合や、家を手放したくないような場合には、**「限定承認」**という方法もあります。これは、プラスの財産の範囲内で借金を返せばいいという条件付きの相続で、たとえば５０００万円の財産を相続した後で、

7000万円の借金があるとわかったときでも、5000万円分だけ返済すればいいというものです。

相続放棄や限定承認を選択するときは、相続の開始があったことを知った日から3カ月以内に家庭裁判所に申告しなければなりません。ただし、3カ月以内に相続財産の一部でも処分すれば、その時点で単純承認したものとみなされ、相続放棄や限定承認はできなくなります。

相続放棄は、法定相続人が自分の判断で個別に行うことが可能です。ただし、放棄しない法定相続人が一人でもいれば、マイナスの財産はその人たちが引き継ぐことになります。一方、限定承認の場合は、すべての法定相続人が共同で申請する必要があります。

相続は親の「すがた」を引き継ぐものだと述べましたが、権利や義務も相続の対象になるということも忘れないでください。たとえば、亡くなった親がお金を貸していた場合の貸金債権や、保有していた特許権、実用新案権、意匠権、商標権、著作権といった知的所有権も、相続人に引き継がれます。

また、実例2で紹介した田代さんのケースのように、親が借金などの連帯保証人になっていれば、その義務も相続人に引き継がれるのです。

遺産分割協議3　どう引き継ぐのか？

誰が引き継ぐのか、何を引き継ぐのかが明確になったら、法定相続人は具体的な遺産分割協議に入ります。遺された親の財産を、実際に「どう引き継ぐのか」という話し合いですが、相続人同士の感情の衝突は、ここから始まることが多いのです。

財産の相続割合には、**「指定相続分」**と**「法定相続分」**の2つがあります。被相続人が財産の分け方を遺言書で定めている場合が指定相続分、被相続人の遺志が明らかでないときに分割の基準となる民法の規定を法定相続分といいます。

法定相続分の割合は、相続人の数や優先順位（直系卑属・直系尊属・傍系血族）によって変わってきます。いくつかの具体的なケースを想定して解説しましょう。

❶ 被相続人―父
相続人―母、長男の場合

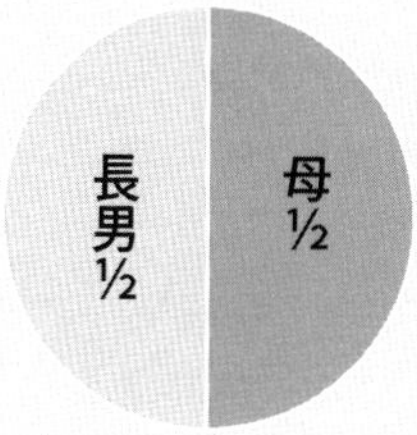

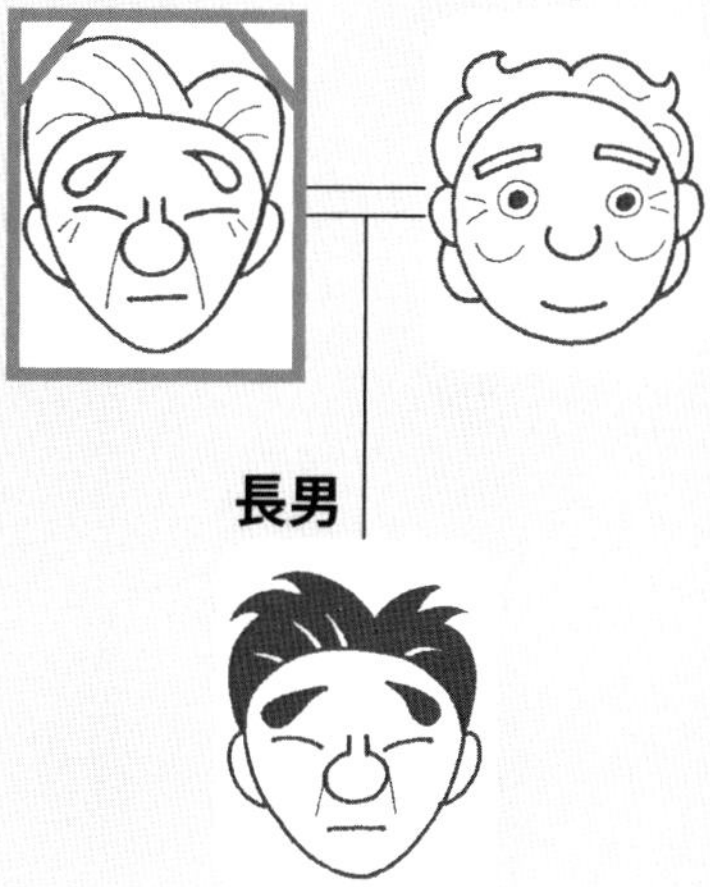

両親と子ども１人の場合、一方の親がなくなれば、財産の半分は配偶者が相続し、残りの半分を子どもが相続します。法定相続分は、母親が２分の１、長男が２分の１になります。

❷ 被相続人――父
相続人――母、長男、次男、長女の場合

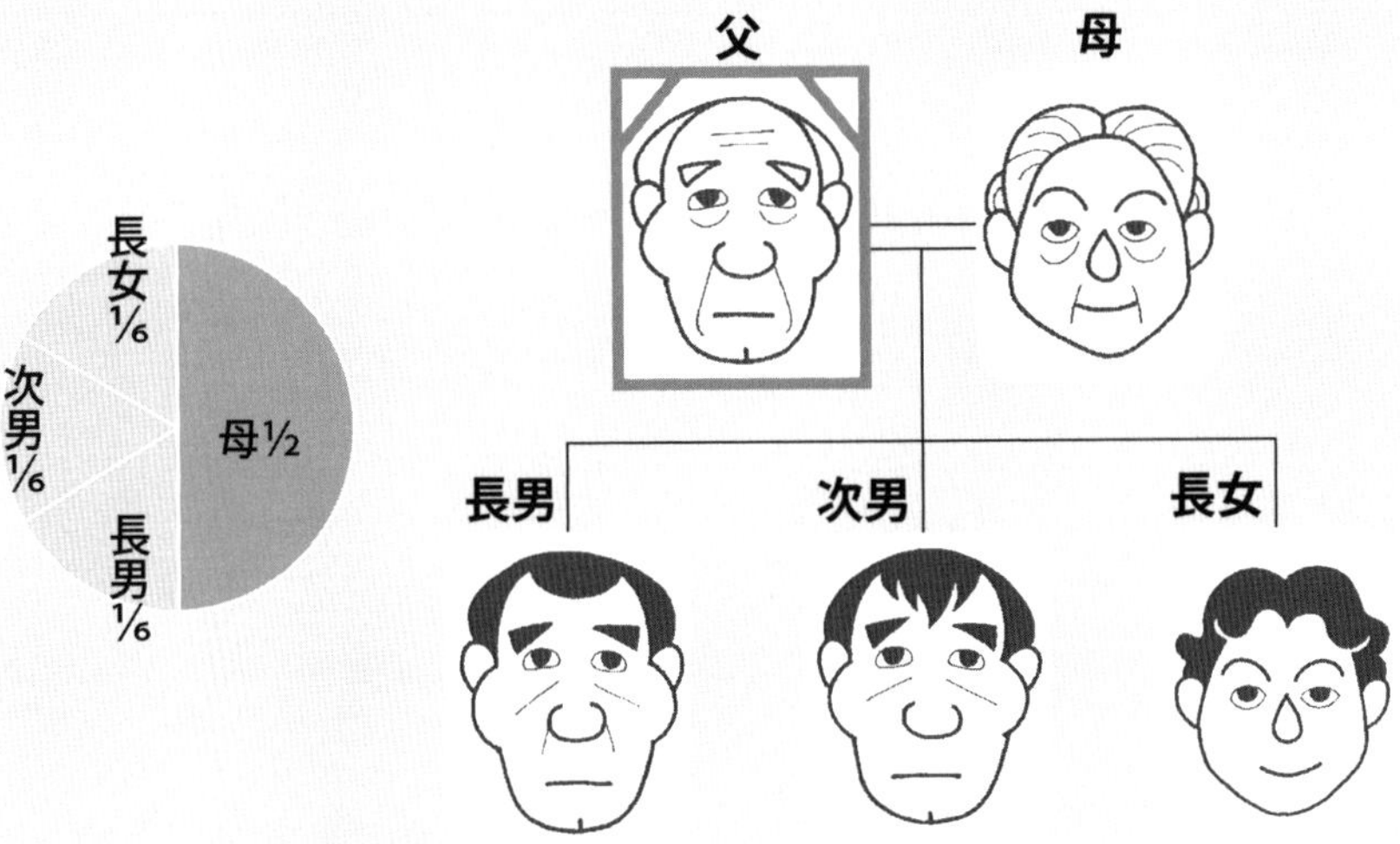

配偶者と子どもが２分の１ずつを相続しますが、３人の子どもは２分の１の財産を３等分して相続します。法定相続分は、母親が２分の１、長男、次男、長女がそれぞれ６分の１になります。

❸ 被相続人—父
相続人—長女、長男の場合

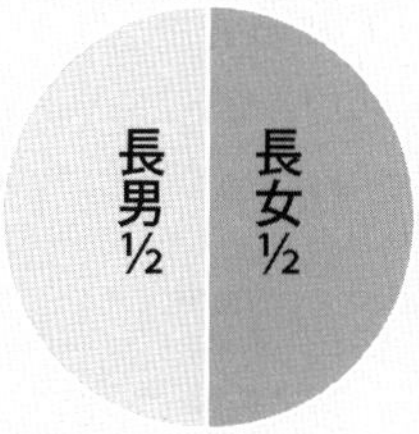

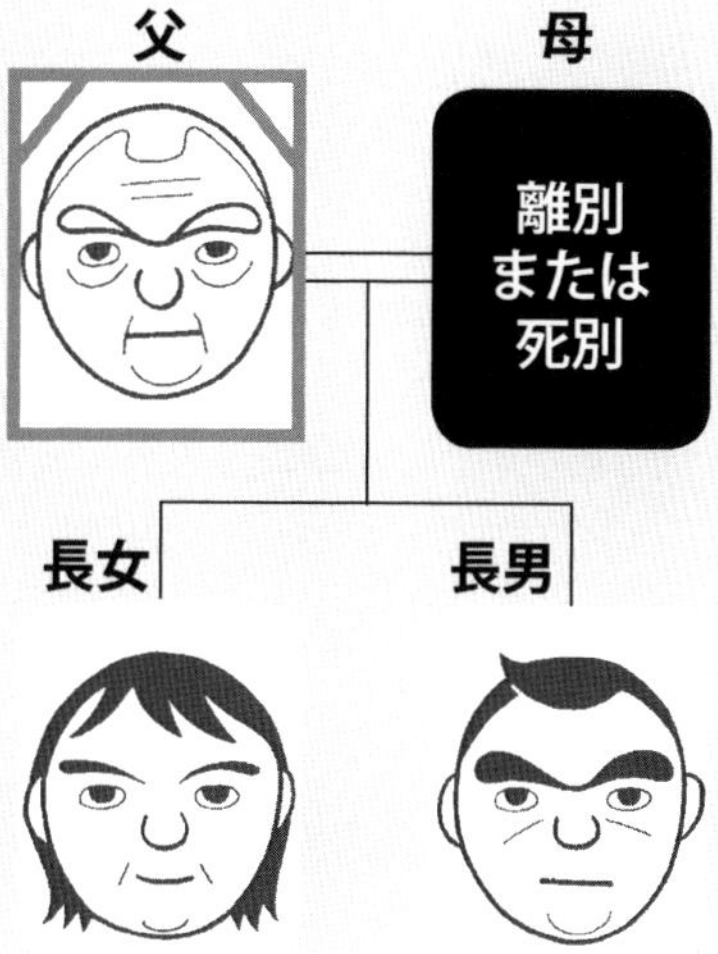

離婚や死別などで被相続人に配偶者がいなければ、財産は第１順位の子どもが相続します。法定相続分は、長女、長男がそれぞれ２分の１になります。

❹ 被相続人―父
相続人―母、長女、長男の子（被相続人の孫）の場合

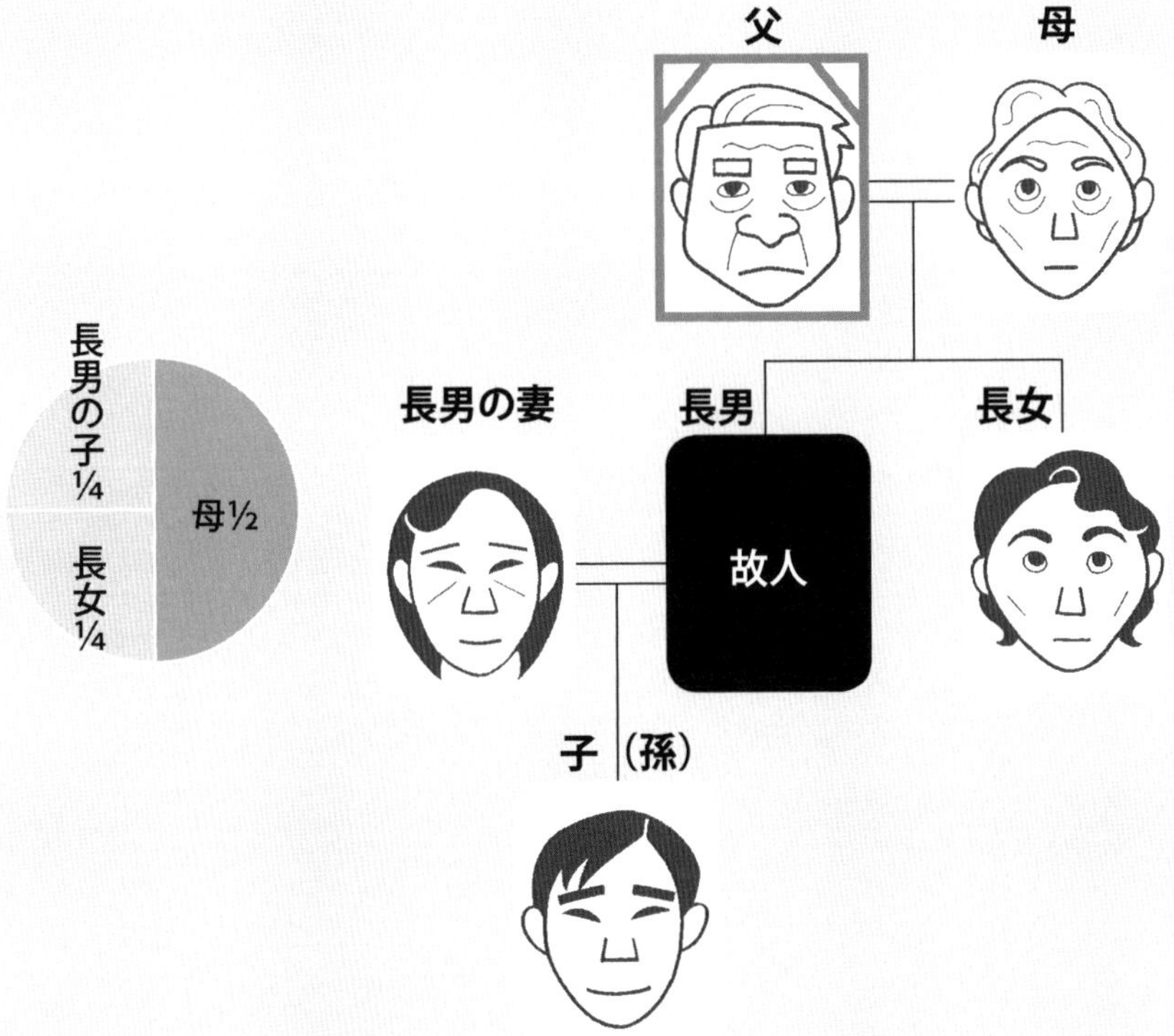

被相続人よりも先に（または同時に）相続人が亡くなったケースです。たとえば父親よりも先に長男が死亡していた場合、その長男に子どもがいれば、相続権は子どもに引き継がれます。これが「代襲相続」です。厳密にいえば、先に死亡したときだけでなく、欠格・廃除になった場合にも、相続人に子どもがいれば代襲相続は起こります。④のケースでは、法定相続分は、母親が２分の１、長女が４分の１、長男の子が４分の１になります。なお、亡くなった長男の配偶者には相続権はありません。

❺ 被相続人—父
相続人—母、長男、長女、被相続人と前妻との間に生まれた子ども２人の場合

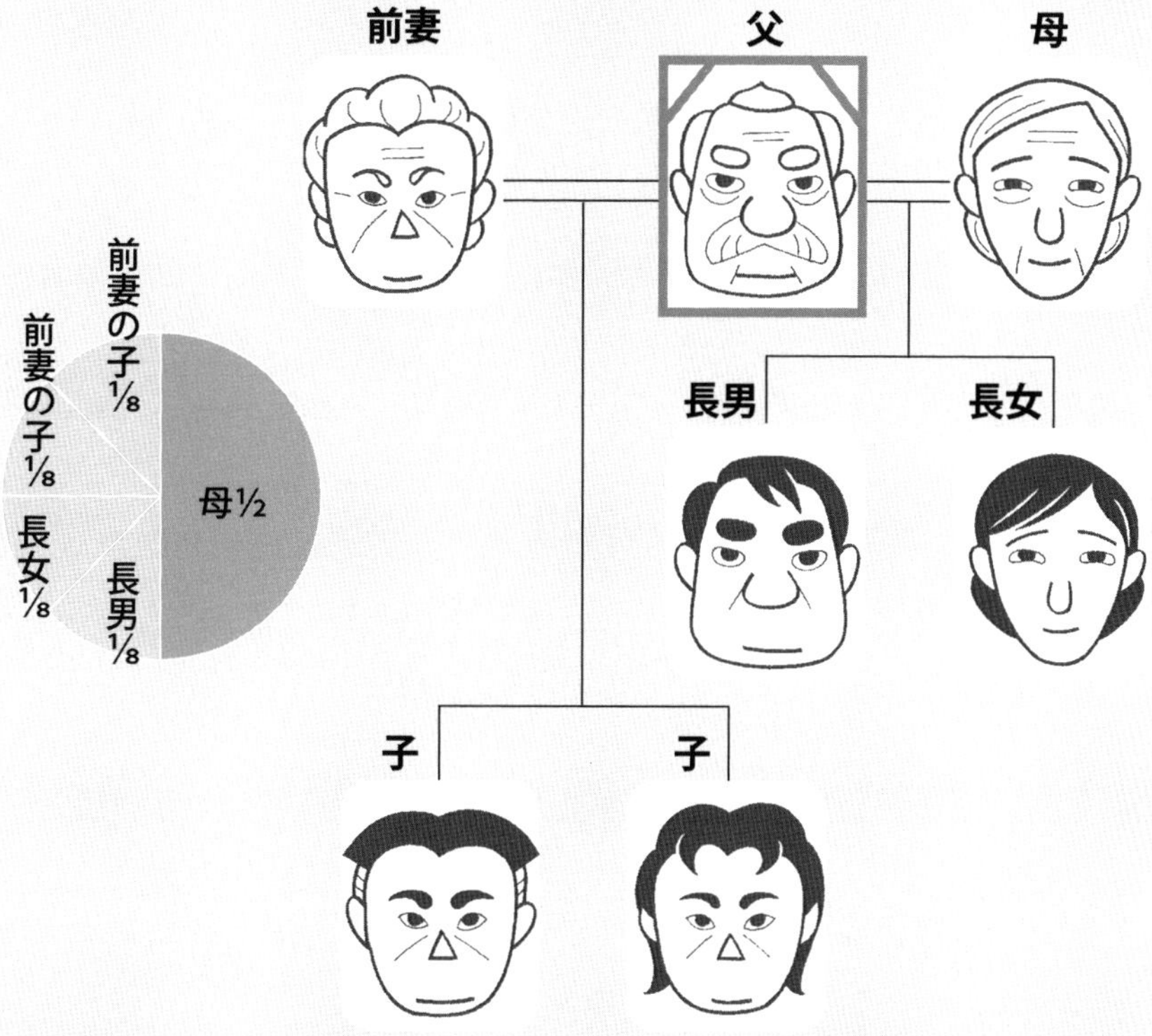

被相続人に離婚歴があり、前妻との間に子どもがいた場合、前妻には相続権はありませんが、その子どもは法定相続人になります。法定相続分は、母親（＝現配偶者）が２分の１、長男、長女、前妻との間に生まれた２人の子は、それぞれ８分の１になります。

実例６で紹介した茅野さんのケースは、前妻との間に生まれた子どもが被相続人よりも先に死亡したことで代襲相続が発生したのです。

❻ 被相続人―父
相続人―母、長男、次男、被相続人と愛人との間に生まれた子どもの場合

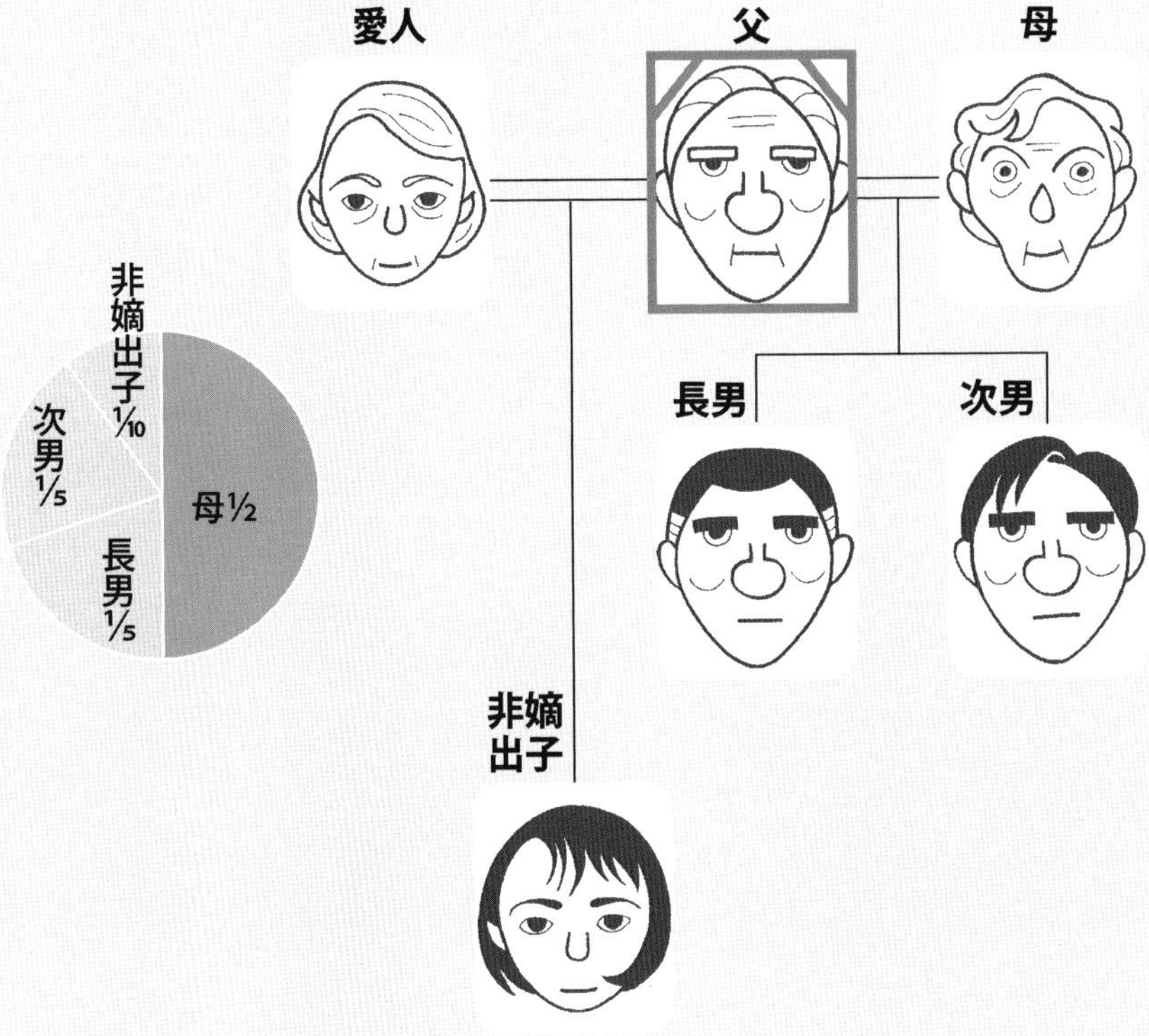

被相続人が愛人との間にできた子どもを認知している場合、その子どもにも相続権があります。ただし、非嫡出子（婚外子など）に認められている法定相続分は、嫡出子の２分の１と決まっています。法定相続分は、母親が２分の１、長男と次男がそれぞれ５分の１、被相続人と愛人との間に生まれた子どもが10分の１になります。

❼ 被相続人―母
相続人―長女、次女、長男の場合

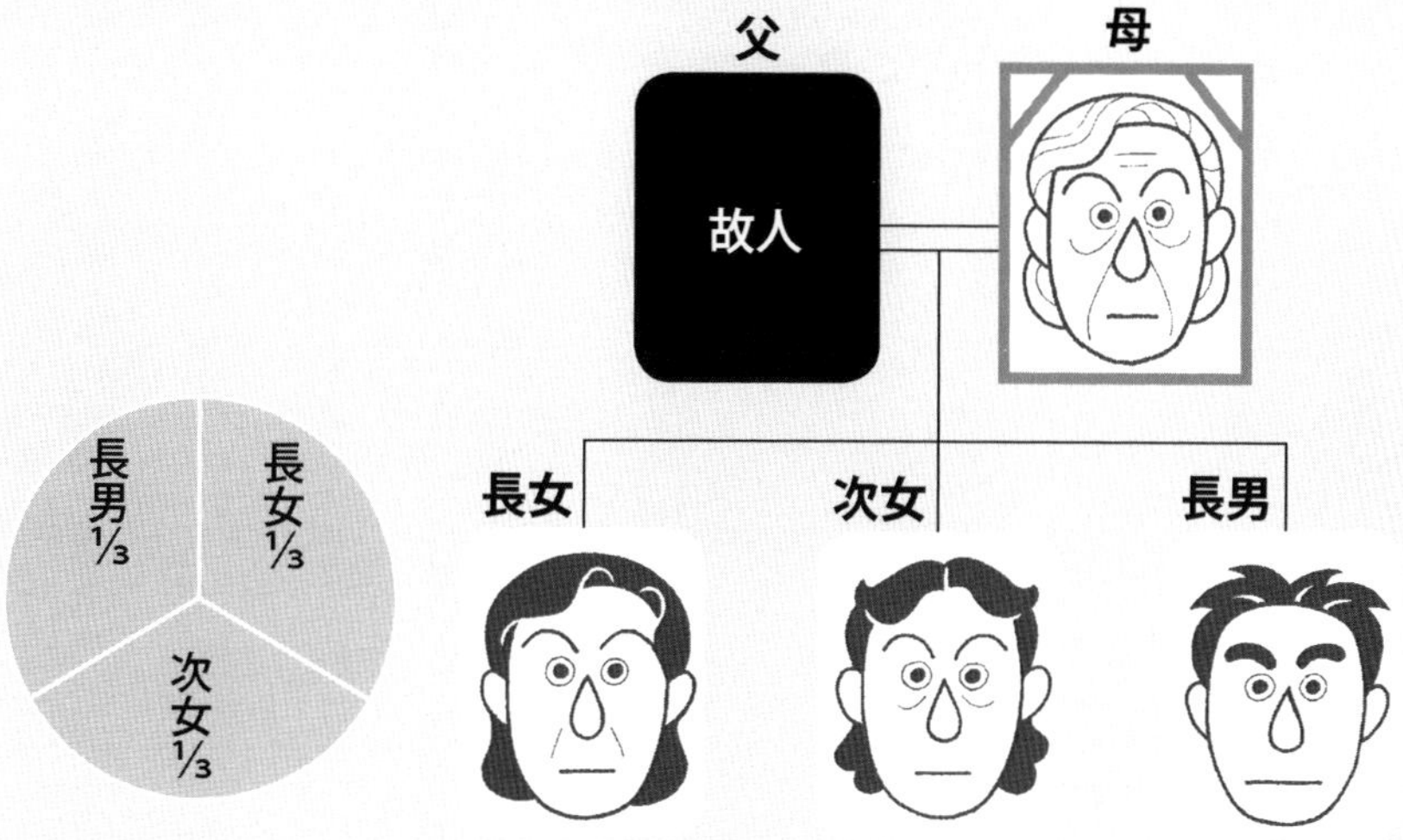

父親はすでに故人。その財産をそっくり相続した母親が亡くなって、被相続人となったケースです。これによって、親の財産はすべて子どもたちへと引き継がれます。法定相続分は、長女、次女、長男がそれぞれ３分の１になります。なお、被相続人に子どもがいなければ、財産は第２順位の相続人に、第２順位がいない場合は、第３順位の相続人に引き継がれます。

両親の一方が死んだときに発生する相続を**「一次相続」**、その後、残された配偶者が死んだときに発生する相続を**「二次相続」**といいます。

＊

一次相続のとき、相続人の間で遺産分割協議をすることなく、財産のすべてを配偶者が相続するケースがよくあります。親の財産は父親と母親が共有しているものだという意識を持った家族では、たとえば父親が亡くなった後、遺産分割のことすら話題にならず、必要な名義変更を行うだけで母親への相続が実質的に完了することが珍しくありません。

配偶者がすべての財産を引き継ぐ一次相続が多い理由の一つは、両親の一方が亡くなったときに、「残された母親（もしくは父親）がいずれ天寿をまっとうすれば、親の財産は黙っていても自分たちに引き継がれるのだ」という思いが子どもの側にあるからです。ことさら相続の話を持ち出して、面倒くさい手続きや遺産分割協議をするよりも、二次相続を待ったほうがいいという考え方は、わからないでもありません。

しかし、配偶者がすべての財産を引き継ぐことは、単に問題の先送りにすぎません。

結論から言えば、親の財産の相続は、二次相続のほうが圧倒的にもめるものです。

●――二次相続はもめやすい

相続税を考えたとき、長年にわたって被相続人と一緒に生活してきた配偶者の立場は、税法上でも考慮されています。

・配偶者は被相続人の財産形成に貢献してきた
・配偶者が亡くなったときに、もう一度相続が生じる

この2点を理由に、配偶者にはなるべく相続税がかからないようになっています。**「配偶者の税額軽減」**という特例によって、配偶者の**「課税価格」**（相続する財産の評価額）が1億6000万円まで、もしくは法定相続分（通常は2分の1）以内であれば、相続税は0円になります。この特例もあって、一方の親が亡くなった一次相続のときには、被相続人のすべての財産を配偶者が相続するケースが多いわけです。

しかし、残された配偶者が亡くなり、二次相続になると、相続人となる子どもは税

額軽減の適用を受けられませんから、多額の相続税がかかってくることがあります。結果的には、一次相続のときに配偶者と子どもたちで財産を相続していたほうが、納める税金も少なくて済んだというケースも出てくるのです。

それを考えると、一次相続で配偶者がすべての財産を相続するのは、必ずしも得策だとは言い切れません。たとえば父親が亡くなったとき、「財産は取りあえず母親にすべて相続してもらおう」という選択は、「二次相続になったらどうなるか?」ということを念頭に置きながら判断しなければなりません。

二次相続のむずかしいところは、相続税のことだけではありません。勘定ではなく、感情による相続人同士の対立を招きやすいのが二次相続なのです。

一次相続では、まだ一方の親が健在ですから、もっとも尊重されるのは残された親(=被相続人の配偶者)です。子どもは「子どもの立場」でいられます。

ところが、二次相続になり、両親ともいなくなると、相続人たちはもはや子どもの立場ではいられなくなります。相続人の一人ひとりが、独立した個人として相続に臨むことになるのです。

さらに、一次相続のときは「次がある」とわかっているために、自分の主張を多少は抑えることもできますが、二次相続は「次がない」状況なのです。親の財産をどれだけもらえるかが決まる最後の機会だと思えば、言いたいことを言わずにいるわけにもいかなくなります。仮に、一次相続の遺産分割協議の結果に納得していない相続人がいたりすれば、「今度は一歩も譲らない」と言わんばかりに要求を主張し、二度目の遺産分割協議の収拾がつかなくなってしまうようなことが出てくるわけです。

そういったトラブルを私はこれまでにたくさん見てきましたが、第三者の目には、幼い子どもの兄弟げんかに似ていると感じるケースもよくあります。親が見ている前では、兄弟はむやみにけんかはしないものですし、けんかが始まったとしても、親に叱られれば普通は収まります。

二次相続でのもめ事は、親がいないところで繰り広げられる兄弟げんかと変わらないと言ったら、渦中の当事者からはお叱りを受けるかも知れません。しかし、相続争いには、家族内での普段の人間関係が色濃く表れるものです。

極端なケースですが、子どもの頃から兄に見下されていた弟が、まるで積年の恨みを晴らそうとするかのように、兄が実家の不動産を相続することに猛反対したような場面も私は見ています。「江戸の敵を長崎で討つ」という諺もありますが、兄弟姉妹（相続人）同士の普段の関係が良好ではないときには、財産の分け方を話し合う場が筋違いな罵り合いに発展することさえあるのです。

遺産分割協議は、相続人の感情に大きく左右されます。仲のいい兄弟姉妹が、お互いの立場や事情を考慮し合うようなプラスの感情は、話し合いをスムーズに進めるための潤滑油にもなってくれます。しかし、「自分は長男だからたくさんもらわなきゃ損だ」「兄貴ばかりにいい思いをさせてたまるか」といったマイナスの感情は、遺産分割協議を歪めてしまう原因になるものです。

●遺留分　相続財産の最低保障

万が一、もらえる財産に納得がいかないときはどうなるか？　相続では、必ずしも相続人の全員が満足できるとは限りません。相続人の誰かが圧倒的な不利益を被る結果に終わることもあります。

その原因の最たるものが遺言書に記された被相続人の遺志です。たとえば、父親の死亡後に遺言書が見つかり、財産のすべてを愛人に相続させると書かれていたようなときなど。実例3で紹介した坂口さんのケースもそうですが、遺言書によって相続権のある遺族が不利益を被ることは、しばしば起こることでもあります。

法定相続人が何らかの理由で財産をもらえなくなったときは、異議を申し立てることができます。民法では、法定相続人が最低限相続できる財産を**「遺留分」**として定めています。被相続人の財産は、被相続人の遺志で相続させることができる一方で、相続人にも一定の財産相続は保障されているのです。

遺留分は、法定相続人の立場によって割合が違ってきますが、配偶者や子どもの場合は法定相続分の2分の1になります。相続人が第2順位の直系尊属のときは3分の1になり、第3順位の傍系血族には遺留分は認められていません。

父、母、長男、長女の4人家族で、父親が亡くなった場合を想定してみましょう。このケースでは、母親と2人の子どもが法定相続人です。父親が残した財産の評価額が4000万円だとすると、これを法定相続分に則って分割すれば、母親が2分の1の2000万円、長男と長女がそれぞれ4分の1の1000万円を相続することになります。

ところが、財産のすべてを愛人に相続させるという遺言書があったとします。遺言書に従えば、遺族は1円の財産も受け取ることができなくなります。これに納得する遺族は、普通はいないでしょう。とはいえ、遺言書をまったく無視して、遺族が勝手に父親の財産を相続することはできません。そこで、最低限保障されている財産をもらうために、遺留分を請求することになるわけです。

このケースでは、母親の遺留分は1000万円、長男と長女の遺留分はそれぞれ500万円になります。手続きとしては、遺言書によって財産の全額にあたる4000万円を受け取った愛人から、法定相続人である遺族が遺留分の2000万円を取り戻すというかたちになります。

この手続きを**「遺留分減殺請求」**といいます。請求は、いきなり家庭裁判所などに対して行うのではなく、財産の全額を相続した愛人に対して行います。通常は内容証明郵便を愛人に送って、遺留分の総額の2000万円の返還を求めます。もしも愛人が返還に応じなかったときは、遺産分割の調停・審判、あるいは民事訴訟などの法的手続きを取ります。

遺留分は法定相続人の一人ひとりに認められた権利ですから、「私は財産なんかいらない」という相続人がいれば、その権利を他の相続人が行使することはできません。もしも長男が「遺留分はいらない」と言えば、母親と長女がそれぞれの遺留分の総額(1000万円+500万円=1500万円)の返還を愛人に求めることになります。

遺留分減殺請求にも期限があります。被相続人死亡の事実と遺言の内容、この両方ともを知ったときから1年を過ぎてしまうと、請求はできなくなります。

●賢い話し合いの進め方

親が遺言書を書かずに亡くなった場合、遺産分割協議にあたって相続人の間で円満に話し合いを進めるには、どのような点に注意をすればいいのでしょうか。

もっとも避けたいのは、それぞれの相続人が自分の言い分を主張し合い、話し合いの収拾がつかなくなってしまうことです。そんな事態に陥らないためにも、大切になってくるのは中心的役割を果たすべき立場の相続人の調整能力です。

では、誰が中心となって遺産分割協議を進めるべきなのか。それぞれの家族関係によっても違ってきますが、話し合いの取りまとめ役としてふさわしいのは、被相続人の近くで生活していた親族です。一般的には、故人の配偶者、もしくは同居していた長男、長女がその役割を担うことが多いようです。

もしも、自分が中心となって、遺産分割協議を進めなければならなくなったとしたら——。

責任感が強い人は、自分がリーダーシップを発揮して、一日も早く遺産分割協議を終わらせようとしがちです。しかし、話し合いの中心となる相続人が最初に考えなければならないのは、主導権を握ることではありません。むしろ、自分の主張はひとまず胸の内にしまっておいて、他の相続人の意向を聞くことから始めます。

仮に、自分が長男で、遺言書はなくても長男が親の土地と建物を引き継ぐことが暗黙の了解を得ているような場合でも、それを前提に話を進めようとするべきではありません。いきなり、「実家はオレが継ぐから、預貯金を兄弟で均等に分けよう」などと切り出せば、わかっていることであっても、他の相続人は少なからず反発を覚えるものです。

中心的役割を果たす相続人に求められる遺産分割協議の進め方は、次の６つの項目がポイントとなります。

①すべての相続人に直接会い、自分が遺産分割協議のまとめ役になることを了承してもらう

②すべての相続人から遺産分割に対する意見を聞く。特別な主張がある相続人とは、なるべく個別に会うようにする

③自分にも主張したい意見があるときは、その旨を伝える。たとえば長男として実家を引き継ぎたい場合は、「親が遺してくれた土地と建物を守らせてほしい」と、誠実な態度でお願いする

④遺産分割協議の方向性を決める。必要であれば税理士などの専門家とコンタクトを取り、話し合いの進め方をアドバイスしてもらう
⑤すべての相続人の意見を勘案しながら、何をどう分けるかという遺産分割の叩き台をつくる
⑥相続人全員に集まってもらい、事前に作成した叩き台を基に遺産分割について話し合う

＊

相続人全員の意向が加味された叩き台をつくることができれば、全員を集めた最終的な話し合いは、その内容を承認するだけですんなり終わることがあります。しかし、遺された財産が分けにくいものだったり、特別な主張を持った相続人がいるような場合、全員に納得してもらえる分割案をつくるのは、容易なことではありません。

相続人が平等に遺産を分割するための目安として、民法では法定相続分が決められていることは説明しました。ですが、現実問題として、法定相続分に従って財産を杓子定規に分けることがなかなかできないから、もめ事が起こるのです。

円満な遺産分割のためには、知っておかなければならない知識が、まだ他にもあるのです。

●——財産の分割方法は一つではない

財産の分割方法には、3つの種類があります。もっとも一般的なのが、被相続人の財産を個別に相続する**「現物分割」**です。

たとえば、被相続人に「土地」「建物」「預貯金」「株式」の財産があり、配偶者と3人の子どもで相続する場合。配偶者が「土地」、長男が「建物」、次男が「預貯金」、三男が「株式」というように、財産別に相続人を決めることを現物分割といいます。故人の財産を、そのままの形で引き継ぎたいときなど、現物分割はよく用いられる方法です。

ただし、被相続人の財産がマンション1戸しかないような場合。現物分割を選択すると、財産は一人しか相続できないことになります。一次相続では、配偶者が一人でマンションを相続することはよくありますが、そうなると配偶者が亡くなった後の二次相続で、親が遺したマンションを兄弟の誰がもらうのかといったもめ事を引き起こしかねません。

不動産のように、そのままの形では分割できない財産を複数の相続人で分ける場合には、**「換価分割」**や**「代償分割」**といった方法を取ることになります。

「換価分割」とは、土地や建物などの財産を売却、換金して、相続人に金銭で分配する方法です。たとえば父親の死後、母親が一人で相続して住んでいたマンションがあったとします。3人の子どもは、それぞれマイホームを取得しています。そういう状況で母親が亡くなれば、遺されたマンションを現物として誰かが相続するよりも、売却してお金に換えて分けたほうが、公平に相続することができるわけです。

「代償分割」とは、不動産などの財産を相続人の一人が引き継ぎ、その評価額のうち法定相続分を超過した分について、他の相続人に金銭などを支払う方法です。よくあるのが、本家相続をした長男が、俗に言う**「ハンコ代」**として次男に法定相続分に見合ったお金を支払い、相続を放棄してもらうケースです。この方法ならば、親の遺産の形を変えることなく、複数の相続人で財産を分配することも可能になります。

その他、遺産分割の選択肢として、**「共有」**という方法もあります。これは、不動産などを複数の相続人が共有で登記することです。

長男が家を継ぐのが当たり前ではなくなった時代ですから、親が遺してくれた不動産を兄弟が仲良く共有するというのは、一見すると円満な解決策のようにも思えます。実際に、分け方をめぐってもめ事を招くよりも、分けずに兄弟名義の所有物にすれば公平性も保てると考えて、共有を選択するケースも少なくありません。

しかし、親の財産を共有したことによって、将来的に問題が生じるということが、実はしばしば起こるのです。

まず、共有になっている財産は、所有者一人の判断では自由に手をつけることができません。たとえば兄と弟で不動産を共有名義にしていたとします。弟が、何かの事情で負債を抱え、まとまったお金が必要になったが、預貯金だけでは足りない。そこで、自分も所有者になっている不動産を売却して、お金を調達しようと考えた――。

自分だけの名義の不動産であれば、自分の都合でいつでも売却することはできます。

ところが共有の不動産は、名義人全員が同意しなければ、処分することはできないのです。共有する不動産に兄が住んでいるような場合、兄が売却に賛成することはなかなかありません。もしも兄に財力があれば、弟は不動産に関する自分の権利と引き替えに、不動産の時価の半額を兄からもらうという話し合いもできますが、兄に経済的な余力がなければ、それもできない相談ということになります。

逆に、住んでいる兄の側が、老朽化した家屋を建て替えようとした場合でも、共有者である弟の同意が必要になります。もしも弟が賛成してくれなければ、兄は古くなった不便な家での暮らしを我慢しなければならないのです。

兄弟が不動産を共有したままで、特にトラブルもなかったとしましょう。それでも月日が経過すれば、面倒な問題が持ち上がります。それは、兄弟のどちらか一方が亡くなったときです。

共有の財産であっても、一方が亡くなれば相続は発生します。不動産の共有者という権利は被相続人の配偶者と子どもに引き継がれることになるのです。兄弟が２人とも亡くなれば、共有者はそれぞれの妻と子どもたちになります。つまり、義理の姉妹と従兄弟たちが一つの不動産の共有者になるわけで、このように細分化が進むと、不動産はますます手がつけにくい厄介な財産になってしまいます。

遺産分割協議での共有という選択肢は、その場を丸く収めるためには、とても有効な方法になります。しかし、後々〝争族〟の火種にもなりかねないということは、知っておく必要があります。

●寄与分　親孝行は相続で得をする⁉

相続人が金銭的に平等な財産を相続したとしても、感情的に不平等感が生じることもあります。たとえば、こういう3人姉妹のケースがありました。

長女と次女は結婚して他家に嫁ぎましたが、三女は独身のまま実家で生活していました。三女は、高校を卒業してから家業の和菓子屋の手伝いを20年以上続けていました。

父親が亡くなって、遺産分割協議に入ったとき、長女と次女は、「姉妹の相続分は3等分すべきだ」と、当然のように主張します。しかし、三女は不満でした。

「長年にわたって父親の仕事を手伝ってきた自分の立場を、もう少し考慮してくれてもいいのではないか……」

この三女の言い分はもっともです。民法では、被相続人の事業を無報酬で手伝うなどして、被相続人の財産の維持や増加に貢献した相続人に対しては、法定相続分とは別枠の取り分を認めています。これを**「寄与分」**といいます。

被相続人の事業を手伝うだけでなく、経済的な援助をしていた相続人にも、寄与分は認められます。また、長期間にわたって被相続人の療養看護に努めたことで、付添人を雇う費用を免れたと判断できるような場合にも、寄与分が認められるケースがあります。

ただし、寄与分を受け取ることができるのは、民法上の法定相続人に限られます。たとえば、被相続人と同居する長男の妻が大切な働き手となって無給で家業を支えていたり、病気で倒れた義父の介護をしていたような場合でも、残念ながら寄与分を受け取ることはできません。内縁の妻なども同様です。被相続人のために多大な貢献をしていたとしても、法定相続人でなければ寄与分は認められないのです。

もしも被相続人が、世話になったことへの感謝の証として、息子の嫁や内縁の妻などになにがしかの財産を分け与えたいと考えた場合は、その旨を遺言書に記すのが確実な方法になります。

注意したいのは、寄与分と言えるためには、被相続人の「財産」の維持・増加に「特別の」寄与があった事実が必要ということです。家族が普通に世話をしたり話し相手になったりしていただけでは、それには当たりません。たとえば妻が夫の仕事を手伝ったり、病気の介護をしたりするのは、通常は夫婦間の協力義務の範疇に入ります。また、年老いた親の面倒を子どもが見ることも、家族間の扶養義務と見なされます。言い換えると、法律上は、夫婦や親子ならば、それぐらいのことをするのは当然であって、ことさら寄与分ということはできないと考えられているわけです。

どの相続人が、どれだけ被相続人の財産の維持・増加に貢献したかということは、遺産分割協議の中で相続人全員の話し合いによって決めなければなりません。「私はこんなに貢献したのだから」と、被相続人に対する自分の尽力を主張しても、他の相続人たちが認めてくれなければ、寄与分は発生しないのです。

冒頭の三姉妹のケースでは、遺産分割協議で三女の主張を母親も2人の姉も認めてくれました。とはいえ、寄与分は財産の何パーセントといった法的な算定基準はありません。貢献度に応じて、寄与分をどれくらいにするのかは、相続人同士の話し合いで決めなければなりません。一概には言えませんが、ひとつの目安としては、寄与分は財産総額の10～30％の間で決まることが多いようです。

どうしても話し合いで決まらないとき――たとえば、寄与分をまったく認めてもらえないとか、あるいは、寄与したことは認めてもらえたものの、寄与分としてもらえる金額があまりにも少ないようなときは、家庭裁判所に調停を申し立てることもできます。もしも調停でも決まらなかったときは、裁判所の審判に従うことになります。

寄与分は被相続人の財産の中から受け取りますが、遺産分割の前に別枠として財産から差し引きます。仮に、亡父の財産の評価額を4000万円として、これを母親と3人の姉妹で相続するとしましょう。遺産分割協議で三女に10％の寄与分が認められたとすると、まず4000万円から寄与分に相当する400万円を差し引き、残った3600万円を4人の相続人で分けることになります。これを法定相続分通りに分けると、母親（配偶者）が2分の1の1800万円、3人の姉妹がそれぞれ6分の1の600万円になります。その上で別枠の寄与分が三女に加算されますから、三女は合計1000万円を相続することになります。

寄与分は、相続人の間で不公平感が生じないようにするための制度で、親孝行をした子どもを優遇する措置ではありません。ですが、親のために尽力してきた家族の行為は、寄与分によって報われることが多々あるのです。

●――特別受益　すねかじりは損をする!?

寄与分とは逆に、生前の親から子どもが資金的な援助などを受けていた場合、これは**「特別受益」**と呼ばれ、援助分（特別受益分）は相続財産の先取りと見なされます。親が亡くなれば、生前に援助してもらったお金は、遺産分割の対象となる被相続人の財産に計算上戻さなければなりません。これを**「特別受益の持戻し」**といいます。

特別受益も、相続人の間で不公平感が残らないようにつくられた制度です。たとえば2人の息子のために住宅資金を用意していた父親がいたとします。長男がマイホームを建てる際、父親は1000万円の資金援助をしました。いずれ、次男にも同じように1000万円の援助をするつもりだったものの、次男がマイホームを建てる前に父親は亡くなってしまった――。

こういうケースで親が遺した財産を兄弟が等分に相続すれば、「兄だけが1000万円も援助してもらった」と、次男は不公平感を覚えるはずです。そこで、長男が援助してもらった1000万円を、父親の相続財産に加算して遺産分割を行う仕組みが特別受益の持戻しなのです。

特別受益には、住宅資金の他に事業の資金援助等も該当します。また、海外への留学費用といった学費や、結婚資金なども、高額な場合は特別受益に該当します。さらに、金銭だけでなく、不動産の贈与も特別受益になります。

特別受益があった場合の遺産分割はどうなるのか、相続人が母親と2人の兄弟で、長男のみが1000万円の資金援助を受けていた場合で説明しましょう。

亡父からの相続財産の評価額が総額5000万円だったとします。ここに特別受益の１０００万円を持戻して加算すると、相続財産は６０００万円になります。これを法定相続分に従って分けると、母親が２分の１の３０００万円、長男と次男がそれぞれ４分の１で１５００万円になります。長男は、ここから特別受益の１０００万円を差し引かれますから、相続分は５００万円になります。

被相続人の生前の資金援助をどこまで特別受益と見なすのか、民法では明確な規定がありません。寄与分と同様に、特別受益も遺産分割協議の過程で相続人同士の話し合いによって決めなければならないことです。

また、ややこしいのは、被相続人の生前にもらった財産の価値が、相続時には変わっている場合があることです。たとえば親の存命中に土地を贈与してもらったとします。当時の時価で２０００万円だったものが、親の死亡時には倍の４０００万円になっていた、などということは珍しくありません。この場合、特別受益は贈与時の時価ではなく、親の死亡時の時価で計算しなくてはなりません。つまり、２０００万円の財産をもらったのに、相続分から差し引かれる特別受益は４０００万円になってしまうわけです。

こういった事態は、被相続人の遺言書によって免れることが可能です。「生前に贈与した土地については特別受益の持戻しを免除する」と明記してあれば、値上がりした土地を相続財産に含めることなく遺産分割協議を進めることができるのです。

●――相続を円満に〝調える〟ための留意点

ここまでは主に財産の分け方について述べてきましたが、遺産分割協議になれば、もらうお金のこと以外の事項についても、相続人は話し合う必要が出てきます。考慮すべき点を、いくつか挙げておきましょう。

まず、遺族の今後の生活についてです。たとえば父親が亡くなった場合、今後の生活に大きな支障を来す家族がいないかどうか。子どもが独立し、両親が2人で暮らしていたケースであれば、伴侶を失った母親の今後の生活を真っ先に考えなければなりません。独居で生活していけるのか、あるいは子どもの誰かと一緒に暮らすのかといったことは、財産を分ける以前に解決しておかなければならない問題です。また、亡父の親（祖父母）が健在であれば、その扶養の仕方を考えるのも、残された家族の義務になります。

被相続人の社会的役割も大切です。特に事業を営んでいた場合、事業を存続させるのか、後継者は誰にするのか、といったことは早急に決めなければなりません。故人の遺志が遺言書に記されていれば、その内容に従えばいいのですが、事業の詳細を家族が把握していないようなケースも現実にたくさんあるものです。

被相続人が自営業だったり、不動産所得があるようなときは、亡くなった年の1月1日から死亡日までの所得を計算し、所得税の申告もしなければなりません。これは**「準確定申告」**という義務で、申告書の提出期限は相続の開始があったことを知った日の翌日から4カ月以内となっています。もっとも、準確定申告が不要な場合も多いですし、必要か不要かの判断は遺族には難しいのが普通です。そのときは専門家に相談するのも手です。

お墓の管理を誰がするのかということも、話し合っておかなければならない項目の一つです。核家族化が進んだことで、独立した子どもたちが実家から離れた土地で暮らすケースは増えています。先祖代々の墓を誰が守っていくのか、また、新たに墓をつくるのであれば、どこにつくるのか。最近では、自分の葬儀や墓について被相続人が生前に希望を伝える場合も多くなっています。たとえば散骨や樹木葬といった自然葬を被相続人が望んでいたのであれば、そういった遺志を相続人は尊重しなければなりません。

そして、相続する側の一人ひとりの事情にも、できるだけ配慮することが望まれます。もしも兄弟姉妹の中に、経済的に逼迫しているような人がいるときは、その事情を汲み取った上で話し合うのが、遺産分割協議の本来のあり方ではないかと私は感じています。

実際に、相続人の中に家が火事で全焼してしまった人がいたり、重度の障害児を抱えた人がいるようなケースを私はたくさん見てきています。そういった困難やハンディキャップを持つ人が相続人の中にいるのであれば、大切なのは財産を均等に分けることよりも、身内同士で支え合うことであるはずです。

相続は、親の財産の奪い合いではありません。親の遺志を引き継ぐことが、相続という行為です。自分の子どもの中に苦しんでいる者がいれば、助けたいと思うのが親の心であるはずです。その心を大切にするならば、残された家族が結束して助け合うことこそが、相続の理想だと私は感じています。

遺産分割協議の行方は、中心的役割を担う相続人の調整能力に左右されますが、どれだけ周到に事前準備をしても、こじれることはあるものです。折り合いがつかないときは、無理に結論を急がないことです。むしろ、一度の話し合いで決着させようとせず、時間も手間もかかりますが、必要であれば税理士などの専門家のアドバイスも仰ぎながら、相続人全員が納得できるまで根気よく何度も話し合いを重ねるべきです。そのほうが、結果的には後腐れのない解決策が見つかるものです。

遺産分割協議が合意に至ることを、私たちは「調《ととの》う」と表現します。つまり、相続人全員の心が一つに調和することが、遺産分割協議の着地点になるのです。相続人同士が不満を抱えたまま、仕方なく終えるような話し合いでは、遺産分割協議は本当の意味で「調った」とは言えないのです。

●――遺産分割協議の結果は文書に残す

遺産分割協議が調ったら、合意内容（誰が、何を、どう相続するのか）を明記した**「遺産分割協議書」**を作成します。遺産分割協議書は、法的には必ず作成しなければならないものではありませんが、不動産の相続登記等の名義変更や、被相続人の銀行預金の払い戻しのときなどに必要となります。また、遺産の分け方をめぐって後々トラブルを引き起こさないためにも、作成しておくべきでしょう。

遺産分割協議書の作成にあたっての注意点を、いくつか指摘しておきましょう。

遺産分割協議書には、決められた書式などは特にありません。縦書きでも、横書きでもかまいませんし、ワープロで作成しても問題ありません。

相続財産の内容については、できるだけ具体的に記載します。特に不動産は、所在地や面積などを登記簿謄本の記載通りに書き写します。相続人の住所も、住民票や印鑑証明書の記載と異なることがないように注意します。

遺産分割協議書は相続人の人数分をつくり、すべてに相続人全員が署名・捺印します。印鑑は実印を用い、相続人全員の印鑑証明書も遺産分割協議書に添付して、各相続人が1通ずつ保管します。

また、遺産分割協議書を作成した後で、新たな相続財産が見つかるようなケースも稀にあります。その場合、どのように対応するかということも、事前に話し合って遺産分割協議書に明記しておけば、後日の争いを未然に防げます。

●――名義変更によって相続は完了する

遺産分割協議が調っても、相続が完了したわけではありません。協議の結果に従って、不動産、預貯金、株式などの名義変更をすることで、初めて財産の所有権は相続人に引き継がれるのです。

名義変更をしなかったからといって、法律違反になるわけではありません。親が住んでいた実家の不動産を相続した息子が、そのまま実家に住むことはできますが、名義変更をしていなければ不動産を処分したりすることはできないのです。

名義変更の手続きは、それぞれの財産によって方法や必要書類が異なります。不動産であれば、管轄する法務局（もしくは出張所）で所有権移転の登記をします。預貯金については、金融機関によって必要な書類や手続きが違ってきますから、事前に問い合わせてから各種の書類を入手しなければなりません。株式も、証券会社の取引口座の名義変更と、株式発行会社の株主名簿の書き換えをしなければなりませんので、必要な書類は証券会社に問い合わせます。また、自動車を相続した場合も、陸運局に問い合わせて各種書類を提出し、所有者の変更手続きを行います。

金融機関などが自社で発行する相続手続き依頼書などは、問い合わせれば入手できますが、相続人が事前に用意しなければならない書類もたくさんあります。各種の名義変更の際に必要となる主な書類を、以下に記しておきます。

＊

①被相続人が生まれた日から死亡した日までの戸籍謄本と除籍謄本
②被相続人の死亡時の住民票（もしくは戸籍の附票）
③遺産分割協議書

④遺産分割協議の当事者となった相続人全員の戸籍謄本（または抄本）
⑤遺産分割協議の当事者となった相続人全員の住民票（本籍記載のもの）
⑥遺産分割協議の当事者となった相続人全員の印鑑証明書
⑦不動産登記簿謄本（全部事項証明書）
⑧固定資産評価証明書

第4章　相続事例～トラブルの原因から回避策・解決策まで

●——トラブルは解決できる！

繰り返しになりますが、「相続対策」というと、「相続税対策」のことだと思っている人がたくさんいます。もちろん、節税も大切な相続対策であることに間違いはありませんが、相続を〝心の問題〟として見たときに、何よりも必要なのは「もめない対策」だと私は考えています。

多くの方々の相続のお手伝いをしながら、私はいままでに数え切れないほどのもめ事に接してきました。そして、もめている現場を見るたびに、思うことが二つあります。それは、「もめたくてもめている人はいない」ということと、ほとんどのもめ事は「避けることができたはずだ」ということです。

相続をめぐって起こるトラブルを客観的に分析していくと、必ず「原因」が見えてきます。原因が明確であるトラブルならば、事前に対策を講じておくことで、多くの場合は避けることができたはずなのです。

また、起きてしまったトラブルでも、解決できないものはほとんどありません。民法には、相続人が抱えた問題を救済する措置がいろいろあります。また、感情の衝突によって生じたトラブルも、相続人同士が心を開き、お互いに歩み寄る姿勢で臨めば、必ず着地点は見つかるものです。

この章では、相続で困ってしまった具体的な実例を紹介しながら、その回避策や解決方法について考察していきます。

◉実例7――相続する財産が把握できない

柴崎晃さん（44歳）は一人っ子です。親に莫大な資産があるわけじゃない、それに、わずかな財産を受け継ぐのは自分しかいないのだからと、普段から相続のことなど何の心配もしていませんでした。

父親は8年前に病気で他界しました。その際、死亡後に必要な手続きは、すべて母親に任せました。母親が元気なうちは、家の中のことはすべて母親に任せておけばいいと柴崎さんは考えていたのです。父親の財産も、柴崎さんは一切相続せず、すべて母親が相続していました。

ところが、元気だった母親が急逝。葬儀の後、家中を捜してみたものの、見つかったのは光熱費の自動引き落としに使っていた銀行口座の通帳とカードだけ。父親が残したはずの預貯金を管理していた通帳、さらには実印や不動産の登記済証（権利書）、母親が契約していた生命保険証券など、相続する財産を知るために必要なものが、どこを捜しても見つからなかったのです。

＊

亡くなった親の財産を把握できないというのはよくある話です。特に、親と子どもたちとが離れて暮らしているような家族の間では、しばしば起こる問題です。また、親が事故などで急に亡くなってしまったようなときにも、財産の所在を把握するための書類などが見つからず、遺族が困ることがあります。

しかし、それほど深刻に悩むことはありません。相続のお手伝いという仕事をしていると、「親の財産を捜し出してほしい」という依頼を受けることもよくありますが、何も見つからないということはまずありません。

自宅の不動産の詳細は管轄する法務局（登記所）で登記簿謄本を取得すればわかりますし、自宅以外に不動産を所有していれば、毎年5月上旬に固定資産税の納税通知書が送られてくるはずです。

預貯金や株式、生命保険なども、通帳や証書が見つからなければどうすることもできないというわけではありません。エピソードとしてお話しすると、独り暮らしをしていた母親が通帳類と印鑑をひとまとめにして台所の床下に隠していた、などという用心深いケースもありました。しかし、このときは床下の通帳や印鑑が見つかる前に、取引のある金融機関は比較的簡単に突き止めることができたのです。電話台の引き出しの中にあった電話帳に、銀行や証券会社や生命保険会社などの連絡先がすべて書かれていたからです。

取引のある金融機関は、毎年配られるカレンダーからわかることもありますし、名刺や郵便物から判明することもあります。どうしてもわからないとき、または一部わかっても念には念を入れたいときには、被相続人の住まいから半径5キロ圏内の金融機関に電話をして、取引口座がないか問い合わせてください。すぐには教えてくれませんが、後日電話で連絡が来ます。口座を開設していた金融機関がわかれば、入出金の明細を調べてみます。配当の振り込みや、保険料の自動引き落としなどの記載があれば、そこから株式や投資信託、加入している生命保険などがわかるはずです。

親の財産が把握できないというトラブルを回避するには、親が元気なうちに、どんな財産がどれだけあるのか、きちんと聞いておくということが第一になります。子どもの立場としては、なかなか面と向かって切り出しにくい話題ですが、「いつか聞こう」と思ったまま先延ばしにしていると、正確な情報を聞けなくなってしまう可能性もあるということは、知っておかなければなりません。

日本人の平均寿命が延びたことは喜ぶべきことです。しかし、それに比例して、認知症の親を持つ子どもが増えたという事実は、相続のお手伝いという仕事をしていて私が痛感していることでもあります。

親が認知症になり、判断能力が低下したことによって、財産がいつの間にかとんでもないことに使われていたという事例は、日本中で起こっています。寝具や着物などを法外な値段で買わされたり、必要のない住宅リフォームの契約を結ばされてしまったり。こういった悪質な商法から親を守るのも、相続人となる家族の務めだと私は思うのです。

親の認知症の対応策として、法的には**「任意後見制度」**というものがあります。これは、親が信頼できる人と事前に委任契約を結び、もしも十分な判断能力がなくなったときは、財産管理や療養看護などの手続きを任意後見人に代行してもらう制度です。

しかし、親子の信頼関係が保たれ、親の意思を子どもがしっかり理解し、親が認知症になっても子どもが代わりに判断を下せるのであれば、わざわざ任意後見制度を利用することはないと私は感じています。

そのためにも、何かあったときには「子どもに任せておけば安心」と思ってもらえるためのコミュニケーションを、親が元気なうちに重ねておく必要があるのです。詳細は第5章で述べますが、親が元気なうちに、晩年の生き方の希望を伝えるエンディングノートや、財産の内容や分け方を記した遺言書を作成してもらうことができれば、いざ相続になったときに予想外のトラブルに見舞われることも避けられるはずです。

◉実例8——行方不明の相続人

寺内大輔さん（51歳）は長男です。両親が事故で亡くなり、遺言書がなかったため、法定相続人である長女（46歳）と次男（42歳）とともに、遺産分割協議に入ることになりました。

ところが、次男と連絡が取れなかったのです。次男は27歳のときに会社を辞め、その後は海外でボランティア活動をやると言って日本を発ったきりです。しばらくは年に数回、カンボジアやタイなどから絵葉書が届いていましたが、連絡先などは一切書かれていませんでした。その便りも3年前から途切れたままで、次男の所在や安否を知る手掛かりは何もありません。寺内さんは、両親の死を次男に知らせることすらできなかったのです。

＊

行方不明かどうかは別にして、相続人の一人と連絡が取れなくて困ったというのは、よく耳にする話です。しかし、前述したように、遺産分割協議は相続人全員で行うのが原則です。「つかまらないほうが悪いのだ」などと言って、連絡の取れない相続人を除外して遺産分割協議を始めてはなりません。

とはいえ、つかまらない相手をいつまでも待ち続けるわけにもいきません。手を尽くしたけれども連絡がつかなかったというときは、家庭裁判所に**「不在者財産管理人」**の選任を申し立てます。不在者財産管理人は、不在者との関係や利害の有無を考慮して選任されます。相続人の誰かが兼任することはできません。また、親戚や知人などに適任者がいないと判断されたときは、弁護士や司法書士などが選任されることもあります。こうして決まった不在者財産管理人が、行方不明者の代理となって遺産分割協議に参加することになります。

しかし、これで問題が解決したとはいえません。遺産分割協議の終了後に、行方不明だった相続人がひょっこり戻ってくればいいのですが、そのまま行方がわからなければ、不在者が相続した財産は、誰も手がつけられない状態のままになります。

元気な姿で戻ってくることを願って、そのまま待ち続けるという選択もありますが、生死不明になってから7年以上が経過したら、相続人は家庭裁判所に**「失踪宣告」**を申し立てることができます。これは、生死不明者を法律上、死亡したものと見なす措置で、不在者の財産に対して相続人が遺産分割協議を行うことになります。寺内さんのケースでいえば、両親の死亡後に次男が相続した財産を、長男と長女が相続することになるわけです。ただし、次男に妻や子どもがいた場合は、次男の財産は配偶者と子どもに引き継がれるため、長男と長女には相続権はありません。

また、親が亡くなった時点で、すでに生死不明の状態が7年以上になる相続人がいた場合は、最初から失踪宣告の手続きを取って死亡扱いとし、残る相続人の間で遺産分割協議を進めることもできます。

失踪宣告について一つ付け加えておくと、その対象となるケースには、**「普通失踪」**と**「特別失踪」**の2種類があります。ここまでは普通失踪を前提に述べてきましたが、戦争や災害などの非常事態によって生死がわからなくなった人については、特別失踪の対象になります。これは、危難に遭遇した人が、危難が去ってから1年間生死が不明だったときに適用されます。

先の東日本大震災では数多くの犠牲者が出ましたが、生死不明となった方々は特別失踪の対象となりました。形式通りに対応すれば、東日本大震災で生死不明になった人の失踪宣告（死亡扱い）は、災害から1年後でなければ受理されないことになりますが、政府は被災者への遺族年金の支給時期などを考慮し、災害から3カ月で生死不明者の死亡届を受理することを決定しました。

◉実例9――納得できない遺言書

足立伸吾さん（41歳）の父親は、20年前に家を出て、愛人と暮らしていました。母親には、「マンションなどの財産はすべて譲るから離婚してくれ」と父親は告げていましたが、母親は離婚に同意しませんでした。夫婦間の愛情はすっかり冷めていたものの、夫が自分や子どもを捨てて若い愛人と再婚することを、母親は許したくなかったのです。

そんな父親の急死を知らせてきたのは、足立さんが一度も会ったことがなかった愛人でした。父親の愛人が、自分とたいして年齢が違わない女性だったことに足立さんは驚きましたが、足立さんをもっと驚かせたのは愛人が持っていた父親の遺言書でした。そこには、すべての財産を愛人に相続させると書かれていたのです。

自分と母親が住んでいるマンションは父親名義のままです。遺言書の内容は、そのマンションまでも愛人に相続させるというものだったのです。

＊

親が亡くなった後、家族が仰天するような遺言書が出てくることは、決して稀な話ではありません。中には、家族の誰も知らない秘密の財産があった、などというサプライズを親が遺してくれていたケースもありますが、そういう逸話は多くはありません。家族が驚かされる遺言書の大半は、家族が不利益を被るような内容のものです。

実例3の坂口さんのケースもそうですが、遺族にとって一番納得できないのは、自分の親の財産を、法定相続人ではないアカの他人が受け取るということでしょう。まして、その対象が愛人だったりすれば、家族は「裏切られた」という精神的なダメージまで負わされることになります。

信じられないような内容が記された遺言書が出てきたときは、故人に怒りをぶつける前に、まず遺言書そのものを疑ってみる必要があります。遺言書が偽造された事例は山ほどあるのです。遺言書を巧妙に偽造する手口は（詳しくは述べませんが）いくつも報告されていますし、実際に真偽が裁判で争われ、遺言書が無効になった事例もたくさんあります。

また、明らかに被相続人の直筆の遺言書であっても、本人の意思で書かれたものではない可能性もあります。あまり生々しい話はしたくありませんが、被相続人が脅されて書かされた遺言書や、そそのかされて書いてしまった遺言書も、私はたくさん見てきています。特に、親が認知症になってしまった場合には、本人以外の思惑や悪意によって遺言書が作成されてしまう危険性も高くなります。

遺族を悩ませるのは、遺言書が本物である場合です。足立さんのケースのように、家族関係が事実上崩壊していたりすると、被相続人の明らかな遺志として、とんでもない内容の遺言書がつくられることが往々にしてあるものです。その遺言書に法的な不備がまったくないのであれば、相続人は書かれている内容を黙殺することはできません。

足立さんのようなケースで残された家族にできることは、遺留分の減殺請求になります。遺留分の減殺請求とは、先にも述べましたが、不公平な遺言がされたために、ある相続人がもらえる財産が法定相続分の2分の1（これを遺留分と呼びます）を下回った場合、その相続人が遺留分に相当する財産を取り戻す手続きです。実例9のケースでも、足立さんとお母さんのお二人はこの手続きを利用できます。遺言書が法的に有効であれば、遺留分以上の財産を遺族が相続することは叶いません。

しかし、取り戻す遺留分の割合は2分の1のままでも、遺留分の金額を増やすことができる場合があります。遺言書には、被相続人の財産の内訳が記されていますが、仮に遺言書に記載されていない被相続人の財産があれば、その2分の1も遺留分として遺族は取り戻すことができるのです。

遺留分の減殺請求にはいろいろな態様があり、非常に理解が難しい制度です。実際にこの問題が起きたときには、弁護士などの専門家に相談されることをお勧めします。

◉実例10――分けられない財産を「均等に分けろ」と

西村聡一郎さん（44歳）は3人兄弟の長男です。3人の兄弟は、いずれも大学進学と同時に家を出て独立。実家には両親が2人で暮らしていました。

５年前に母親が亡くなり、それを機に西村さんは妻子とともに実家に移り住み、父親と同居を始めました。孫と一緒に暮らすことを父親は大変喜びましたが、もともと体が丈夫なほうではなく、妻に先立たれてからは目に見えて衰えていきました。西村さんと同居して２年後には脳梗塞で倒れ、半ば寝たきりになり、それから３年後に肺炎で亡くなったのです。

生前、「俺は老い先長くないから」と口癖のように言っていた父親は、自分の死期を予感していたのか、亡くなる半年前に遺言書をつくっていました。そこには、「財産を兄弟３人に均等に相続させる」と記されていたのです。

しかし、年金暮らしだった父親に、預貯金はほとんどありません。主な財産は実家の不動産です。この家を、兄弟３人でどうやって「均等に」分けたらいいのか。「父はとんでもない宿題を残して死んでしまった」と、西村さんは頭を抱えたのです。

＊

一つの不動産を複数の兄弟姉妹で分けるというのは、相続ではよくあるケースです。この場合、現物分割はほとんど不可能ですから、不動産を売却してお金で分ける「換価分割」か、不動産をもらった相続人が他の相続人にお金を支払う「代償分割」の方法を取ることになります。

西村さんの場合は、長男である自分と妻子が、この先も実家に住まなければなりません。そこで、代償分割することになったのですが、すんなりとはまとまりませんでした。

不動産の評価額は約6000万円でした。これを遺言書通りに「兄弟3人で均等に」分けるとすると、一人あたり約2000万円になります。実家を引き継いだ長男の西村さんが、次男と三男に2000万円ずつ渡せば「均等に」分けたことになりますが、それだけの現金を西村さんは持っていなかったのです。

西村さんは、次男と三男にいわゆる「ハンコ代」として500万円ずつ渡すことで、相続を放棄してもらおうと考えました。しかし、2人の弟は、この提案を受け入れてはくれません。晩年に半ば寝たきりだった父親の面倒を見ていたのは自分なのだから、そのことを考慮してほしいと言うと、次男と三男は、「兄貴は家賃も払わずに親の家に住まわせてもらってきたんだから、俺たちのほうが余計にもらいたいくらいだ」と反論してきたのです。

話し合いは8カ月経ってもまとまらず、仕方なく実家を売却して換価分割することになりました。しかし、西村さんが不動産仲介業者に尋ねると、「古い家だから、いつ売れるかわからない」と言われます。相続税の申告期限までは、あと2カ月しかありません。西村さんが、「早急に売却したい」と相談すると、「当社ですぐに買い取ることもできますが、評価額通りというわけにはいきませんよ」と、半額の3000万円の買値を提示されたのです。

結局、西村さんは業者と交渉し、3600万円で不動産を売却しました。そして、兄弟3人で1200万円ずつ相続し、自分は妻子とともに中古マンションに移り住むことになったのです。

このケースは、親が生きている間の兄弟の関係が相続に表れたといえます。言い方を換えれば、親と同居する長男と、親と離れて暮らす兄弟姉妹との関係です。同居長男の苦労というのは、離れて暮らす者にはなかなかわかってもらえないものなのです。

同居長男は、弟や妹への普段の気遣いを怠ってはならない――というのが、相続のお手伝いという仕事の中で私が実感することでもあります。たとえば、弟や妹が実家に来てくれたときは交通費を出してやる。また、弟や妹の家庭でお祝い事があったときなどは、忘れずにご祝儀や贈り物を届ける。そういう心配りを日頃から続けている長男に対して、弟や妹は「兄ばかりが得をしている」とは絶対に思わないものです。

ある資産家が亡くなったときの話ですが、7億円を超える相続財産を3人の子ども（長男、長女、次男）で分けることになりました。このときも親と同居していた長男が実家を引き継ぐことになったのですが、財産の大半は不動産です。長女にも次男にも、兄と同等の相続権があります。にもかかわらず、まったくもめることがありませんでした。

長男は、妹や弟のことを日頃から大切にしていました。私がとても印象に残っているのは、長女から聞いた話です。長女の娘が小学校に入学したとき、長男がピアノを贈ってくれたというのです。「そういう兄からお金は取れない」と言って、長女は自分の相続分を放棄したのです。その思いは次男も同様でした。最終的に長男は、妹と弟に2000万円の「ハンコ代」を渡すことで、7億円の財産を相続できたのです。

財産を均等に分けることは、数字で考えるほど簡単なことではありません。そして、均等に分けることだけが、相続人全員にとってのベストな選択になるとは限らないのです。

◉実例11——不動産の名義変更をしていなかったために……

長谷川啓子さん（54歳）の父親は、「預貯金や不動産は、長女、長男、次男の3人の子どもたちで均等に分割して相続させる」と、遺言書に記していました。母親は8年前に他界しており、法定相続人は3人の子どもしかいません。

長女の長谷川さんも、2人の弟たちも、遺言書の内容には何の不満もありませんでした。預貯金は2500万円ほどあり、葬儀費用を差し引いた残りを、3人で分けることにしました。しかし、不動産の相続で厄介な問題が出てきたのです。

長谷川さんの実家は代々続いた旧家です。建物はずいぶん古くなり、二階は雨漏りさえする状態です。3人の子どもたちはすでにマイホームを構えていましたから、話し合いの結果、売却して換価分割することに決まりました。

ところが、調べてみると実家の土地や建物の名義は父親の父親、つまり「祖父」になっていたのです。祖父は20年以上も前に亡くなっていましたが、代替わりしたときに名義変更をしていなかったため、不動産は祖父の財産のままになっていたのです。

こうなると、子ども3人だけで不動産を相続することはできません。祖父の財産は、祖父が亡くなった時点で、祖母と、子ども（父親とその兄弟姉妹）が法定相続人になります。その後、祖母は亡くなりましたから、不動産の相続人は父親とその兄弟姉妹全員になるのです。

長谷川さんの父親は長男でしたが、下に長女、次女、次男、三男と、4人の妹弟がいます。しかも、長女と次男がすでに亡くなっていたため、そこでも相続が発生し、長女の配偶者と3人の子ども、次男の配偶者と2人の子どもにも不動産の相続権があることがわかったのです。

「3人の子どもたちで均等に分割」というのが長谷川さんの父親の遺志でした。しかし、名義変更していなかった不動産は、法律上では叔父や叔母や5人の従兄弟を含めた12人に相続権があったのです。

不動産の名義変更をしていなかった長谷川さんのケース

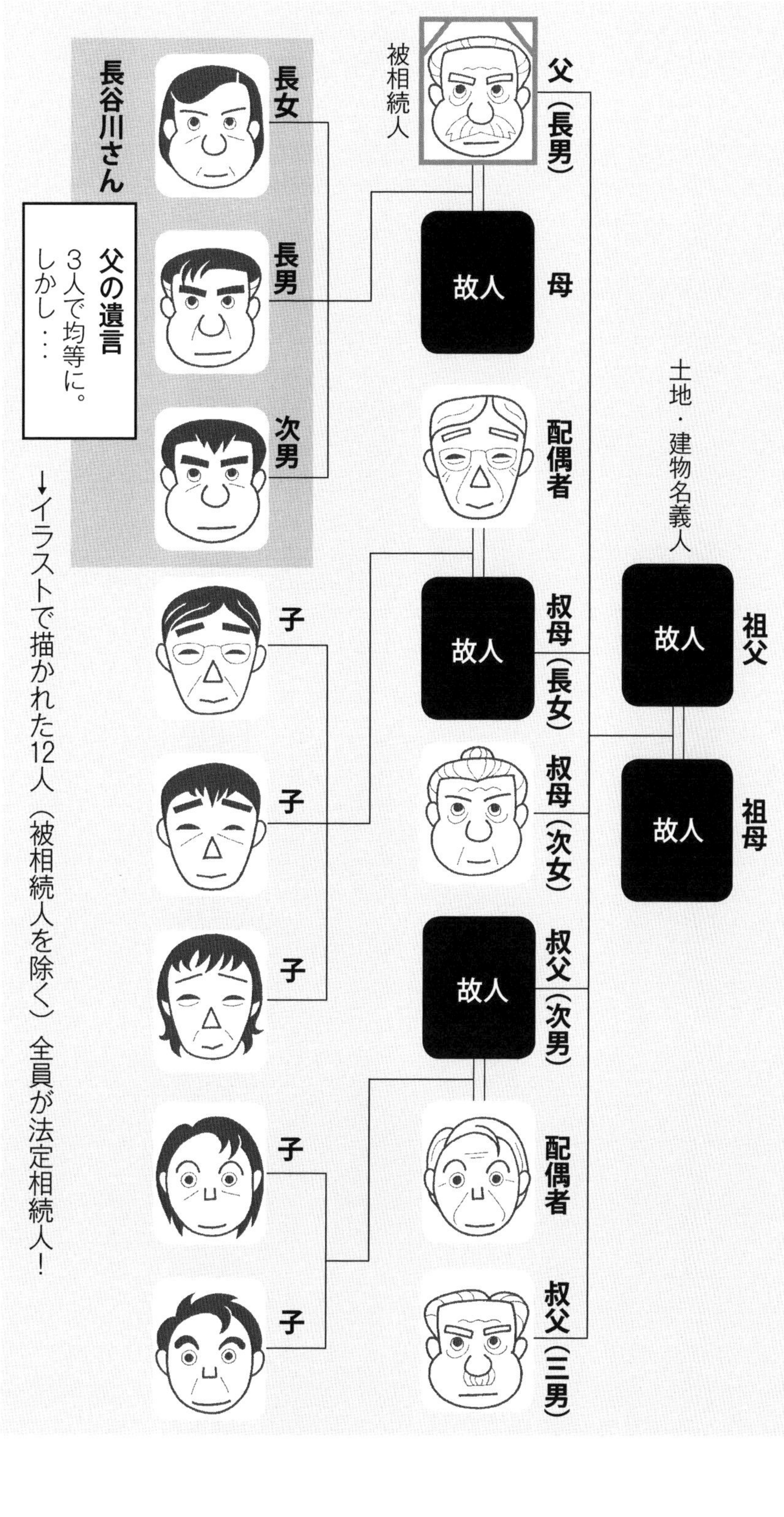

＊

家長が亡くなって代替わりするときに、不動産の名義変更をし忘れたというケースは、最近ではほとんど聞かれなくなりました。しかし、いまほど土地の値段が高くなかった時代、つまり親たちの世代が相続を経験した頃には、しばしばあったことです。

名義変更をしていなくても、固定資産税の通知は故人の名義で当該住所に送られてきます。その時点で気がついて、名義変更をすればいいのですが、手続きをせずに固定資産税を納めていれば、役所は故人の名義のまま処理します。名義変更は資産所有者の義務であって、役所の義務ではないのです。

長谷川さんのケースは、単に代替わりのときに名義変更を忘れただけで、特別な意図が働いていたわけではありませんから、父親の遺志に従って3人の子どもたちが不動産を相続することには、親戚たちも反対はしないでしょう。ただし、相続の手順が非常に面倒くさいことになります。

まず、祖父の死亡時にさかのぼって相続を確定しなければなりません。具体的にいえば、祖父名義の不動産を、長男である父親が相続する——「相続した」という既成事実としてではなく、これから「相続する」――ということに、12人の相続人全員が同意しなければなりません。その上で、祖父から父親が引き継いだ不動産を、今度は3人の子どもたちが引き継がせてもらうという、二段階の過程を経なければならないのです。

気をつけたいのは、長谷川さんたち3人の相続人が、他の相続人たちにどうやって事情を説明するかです。

「面倒くさいからプロに任せよう」といって、弁護士などに交渉を依頼する場合もありますが、それは極力避けたいものです。祖父の財産の相続は、他の相続人たちにも法的な権利があるのです。「その権利を私たちのために放棄してください」とお願いするわけですから、長谷川さんたち3人は、誠意を尽くさなければなりません。

誠意と言っても、特別なことをする必要はないのです。直々に相手を訪ね、事情をきちんと説明して、頭を下げてお願いする。もしも遠くに住んでいて会いにいけない相手であれば、直筆で手紙を書いてお願いする。父親が名義変更を忘れたことに悪意はないのですから、誠実にお願いすれば、もめたりすることなく、納得してもらえるはずです。その手間を惜しんで、弁護士などに任せたりすれば、「菓子折のひとつも持って本人が頼みに来るのが筋だろう？」と、他の相続人たちは反感を覚えるかもしれません。

相続になれば、面倒くさい法的な手続きもたくさん出てきます。わかりにくいことは専門家の手を借りるのも有効な手立てですが、相続人同士の話し合いなどは、見知らぬ第三者が〝直接介入〟すると、余計な波風が立ってしまうこともあります。困ったときは、私たちのような相続のプロを大いに活用していただきたいとは思いますが、決して人任せにするのではなく、相続は「自分たちの問題」であり、相手を〝説得〟するのではなく、当事者間で〝納得〟し合えることを目指すのが、「もめない対策」の基本になるということを忘れないでいただきたいと感じます。

◉実例12――親からの援助は相続財産か

木下昭郎さん（49歳）は二世帯住宅に住んでいます。いまから23年前、古くなった実家を建て替えたのです。建て替えの費用は父親が頭金として１５００万円を負担し、月々のローンは木下さんが返済していました。土地の名義は父親のままにしておきましたが、建物の名義は親子の共有にしました。

両親が相次いで亡くなり、相続が発生します。木下さんには弟が一人いましたが、父親の遺言書はありません。木下さんの気持ちの中には、実家の半分はすでに自分のものだという思いがありましたから、不動産は自分が相続し、弟には父親が遺してくれた800万円の預金の半分を渡すことで、納得してもらおうと考えていました。

しかし、弟は納得しませんでした。

「兄貴は親父の援助で家を建ててもらったけれど、オレは何の援助も受けずに自分の稼ぎだけでマンションを買ったんだ。そんな不公平な話があるものか」

こう言って、弟は財産の2分の1を相続する権利を主張したのです。そこで問題になったのが、自宅が建っている土地でした。建物は父親と長男の共有でしたが、土地の名義は父親のままです。東京の新宿区にある40坪の土地の評価額を調べてみると、5940万円でした。その半分の2970万円と、預金の半分の400万円を合わせた3370万円の相続を弟は要求してきたのです。

*

実家を建て替えるときに、親が頭金を出して、残りのローンを子どもが返済するパターンはよくあります。一人っ子であればもめ事の元にはなりませんが、兄弟姉妹がいる場合は、やっかみの原因になりやすいものです。

木下さんのケースでは、法的なことを抜きにして考えれば、双方の言い分に一理あります。

兄は両親と一つ屋根の下に暮らし、長い間面倒を見てきたわけですし、これからも実家に住み続けるのですから、「不動産は自分がもらったっていいじゃないか」と言いたい気持ちもわかります。

一方、弟にしてみれば、親の頭金で建てた家に住んでいる兄には、それだけで親から特別扱いを受けたと感じるに違いありません。同じ息子として、兄と同じだけのことを親からしてもらいたいと思っていれば、「半分よこせ」と言いたい気持ちもわかります。

このケース、法的にいえば弟の言い分のほうが正しいことになります。法定相続人は兄と弟の2人ですから、2分の1ずつ分配するのが民法上の解釈なのです。ですから、民法に従って相続するならば、不動産を売却して換価分割するか、代償分割で実家をもらった兄が弟に3370万円を渡すことになります。

とはいえ、現実的な話をすれば、こういうケースで兄弟がきっちり2分の1ずつ相続することは少ないものです。なぜなら、相続人同士が本当に憎しみ合ってでもいない限り、相続では法律よりも〝心〟が優ることが往々にしてあるからです。

木下さんのケースも、結論から言えば、最後には兄が当初提案した分割案に近いかたちで調ったのです。土地を含めた不動産は兄が相続し、預金の800万円は、弟が600万円、兄が200万円を受け取ることになりました。

主張が対立していた兄弟が、どうやって歩み寄ることができたのか？　拍子抜けするかもしれませんが、簡単なことでした。兄が弟に頭を下げて頼んだのです。

相手が納得できないことは、いくら理詰めで説明したところで、納得はしてもらえないものです。しかし、納得できないことでも、お願いすることで相手に折れてもらえることはたくさんあるのです。

長男の中には、「いままで弟に頭なんか下げたことはない」という人もいるかもしれません。しかし、そういう兄から頭を下げてお願いされれば、弟もいつまでも意地を張ってはいないものです。相続は、相続人同士の共同作業です。歩み寄って、歩調を合わせて円満に解決するためには、ときには頭を下げることも必要になってくるのです。

◉実例13——介護してきた苦労が報われない

菊池加奈子さん（45歳）は次女です。兄と姉がいますが、2人とも結婚し、それぞれに家庭を築いています。自分も40歳までには結婚し、家を出るつもりでいました。

しかし、菊池さんが35歳のときに父親が他界。財産はすべて母親が相続しましたが、その母親が2年後に難病を患い、寝たきりの状態になってしまいます。母親の介護は、半ば成り行きで同居していた次女の菊池さんの役目になりました。

それから約7年が過ぎ、母親が亡くなります。初七日が済むと、兄と姉が遺産相続の話を切り出しましたが、菊池さんは納得できませんでした。兄も姉も、実家を売り払って、現金を3等分すればいいと、当然のように主張したからです。

法律では、親の財産は子どもが均等に相続することになっているということは、菊池さんも知っていました。それでも、自分一人で7年以上も母親の介護をしてきたことを考えると、型通りに財産を3等分すればいいという兄と姉の言い分は、素直に受け入れることができなかったのです。

＊

法定相続人が長期間にわたって親の介護をしていたような場合、寄与分が認められることもありますが、菊池さんのケースはどうでしょうか？

たとえば、次女の介護のおかげで被相続人が事業を止めずに済んだ場合や、被相続人を介護するために次女が会社を退職したような場合であれば、寄与分が認められることがあります。しかし、同居していたために半ば成り行きで介護するようになったというのは、ほとんどの場合、家族間の扶養義務と見なされます。7年間に及ぶ介護は本当に大変だったと思いますが、法律上は、その苦労が相続に反映されることはないのです。

菊池さんの苦労を相続に反映できるかどうかは、相続人同士の話し合いで決めるしかありません。兄と姉が「あなたに母親の介護を頼んだわけじゃない」といって、次女の苦労を認めてくれなければ、残念ながら介護の苦労を相続分に上乗せしてもらうことはできないのです。

ここでは、そういうことにならないために、被相続人の存命中にやっておくべき「回避策」について考えてみましょう。

ひとつは、母親の介護がどれだけ大変なのかということを、普段から兄弟姉妹にわかってもらっておくことです。苦労は言葉だけではなかなか伝わらないものです。実家に兄弟姉妹を呼んで、介護の様子を実際に見てもらうことも必要です。また、泊まりがけで出掛けなければならない用事があることを事前に伝えておいて、数日間、兄弟姉妹に介護の役目を代わってもらうのもいいでしょう。介護は「家族間の義務」なのです。相続人の誰か一人だけが役目を担う必要はないのです。

二つ目は、遺言書です。自分が介護していることの苦労を、母親や兄弟姉妹が理解してくれているのであれば、生きている間に遺言書を書いてもらえるよう、母親にお願いしてみるのです。母親に感謝の気持ちがあれば、その気持ちを遺言書にしたためることを拒んだりはしないものです。ただし、「遺言書を書いてくれなきゃもう介護はしない」といった言い方は絶対にしてはなりません。遺言書は、相続人が書かせるのではなく、あくまでも被相続人の意思で書くものです。相続は、世話になった子どもたちへの感謝の気持ちを表す最後の機会であることを、親に意識してもらえるような話し方を心がけてください。

親に遺言書を書くことを頼むのは、なかなか言い出しにくいものです。まして、介護が必要なほどの健康状態であれば、なおさら切り出しにくいことでしょう。ですが、介護の苦労は「親への愛情」です。その愛情が、親の死後に報いられないことを覚悟するよりも、尽くしたことへの感謝の気持ちを相続のときに親から受け取れるほうがうれしいはずです。また、苦労は報われるとわかっていればこそ、「幸せな人生だった」と言って親に旅立ってもらうために、子どもも精一杯力を尽くせるのではないかと私は感じます。

◉実例14――親が残してくれた子ども名義の預貯金

父親が亡くなった後、樋口慎也さん（33歳）は母親からこっそり一通の預金通帳を渡されました。名義は「樋口慎也」となっています。

「おまえのために、お父さんが少しずつ貯めておいてくれたんだよ」

こう言って差し出された通帳には、300万円の残高が記されていました。ありがたい、と樋口さんは感じましたが、気になったことがあります。

樋口さんには、2歳下の洋介さんという弟がいます。父親は、弟にはお金を残していなかったのか？　そう思って尋ねると、母親は少し困った表情になりながら、こう言いました。

「洋介のためにつくった通帳もあるんだけれど、100万円しか入っていないんだよ。兄弟げんかになるといけないから、おまえも100万円しかもらっていないことにしておきなさい」

一瞬、自分は得をしたと樋口さんは思いました。しかし、すぐに思い直しました。自分が黙っていれば、弟には知られないだろう。でも、それでは亡くなった父親の財産を隠すことにはならないだろうか。もしもバレたら、罪に問われることになるのではないか……。

父親が2人の子どものためにこっそり残してくれた預金が、樋口さんにとって思わぬ悩みのタネになってしまったのです。

*

子どものためにお金を貯めておいてくれる親は、非常に多いものです。ある意味では、日本的な風習といってもいいかもしれません。

ただし、子どものための預貯金は、多くの親は本人には内緒にします。自分のために使えるお金があることがわかれば、子どもはアテにするかもしれません。ですから、こっそり貯めておいて、子どもが成人したときや、就職や結婚といった人生の節目で渡すようなことが多いものです。あるいは、子どもが急にお金が必要になったときのための備えとして、お金を貯めておいてくれる親もいます。樋口さんの父親も、そういう心づもりだったのかもしれません。

このケースは、法的にいえば、樋口さん名義の300万円と、弟名義の100万円は父親の財産になり、遺産分割協議の対象になります。

一般的に、通帳が子どもの名義であれば、入っているお金も子どものものだと考えがちです。しかし、子ども自身が口座の存在を知らなかったり、口座を管理していたのが親であったりすると、その口座は**「名義借り」**と判断され、親のものとして扱われます。

実際に、樋口さん兄弟の通帳には、父親の通帳と同じ印鑑が使われていました。同じ苗字なのだからと、自分の印鑑を使って子どもの通帳をつくる親も多いのですが、印鑑が同一であれば、税務調査などでは確実に名義借りと見なされます。もしも、自分の子どものために預貯金を考えているのであれば、「天野」といった苗字の印鑑ではなく、「隆」のように子どもの下の名前の印鑑を使うことです。名前の印鑑でも銀行口座はつくれますし、名義借りとは判断されにくくなります。

さて、樋口さんのケースで悩ましい問題は、兄と弟とで、遺してもらった預金の額に差があることです。その事実を弟が知れば、たしかにおもしろくないでしょうし、先回りをして兄弟げんかを心配した母親の気持ちもわかります。しかし、２人の名義の預金は父親の相続財産に加算しなければなりませんから、隠しているわけにはいきません。

父親の生前、弟のほうが父親にいろいろな負担をかけていたり、特別な援助を受けていたりした事実があるなら、預金額の差は問題にならないかもしれません。そういう事実があれば、樋口さんの場合は兄名義の300万円と弟名義の100万円を父親の相続財産に加え、遺産分割協議で兄のほうが現金を200万円多く分けてもらうことにすれば、弟も納得してくれるでしょう。

そういう事実がないときは——あくまでも相続人同士の話し合いで決めることですが——2人の名義の預金を合わせた400万円を、200万円ずつ分けるのが、妥当な気もします。

親の相続で子どもが受け取る財産というのは、「子どもが親から受ける最後の愛情」にも等しいのです。家族関係に特別な事情がないのであれば、子どもたちが受け取る金額に不自然な〝差〟はつけないほうがいいと私は感じます。

◉実例15——生命保険金に込められた親の愛情

大沢修平さん（48歳）には、1歳違いの耕平さんという弟がいます。実家は代々続く呉服店で、兄である大沢さんが家業を手伝っていました。

父親は70歳になったとき、大沢さんにこう話しました。

「ウチは小さな呉服屋だが、昔からのお得意様がたくさんいらっしゃる。お得意様に迷惑をかけてはならない。私が死んだら、財産はみんなおまえに譲るから、この店をしっかり守っていくように」

すでに実務の大半を任されていた大沢さんに異論はありませんでした。しかし、気になったのは弟の耕平さんの存在です。耕平さんは大学進学と同時に家を出て、卒業後は銀行に就職しました。家業のことにはまったく関心を示さない弟でしたが、大沢さんにとっては大切な兄弟であることに違いはありません。父親の財産を兄が一人で相続すると知ったら、弟はどう思うだろうか？

心配する大沢さんに、父親は言いました。

「耕平のこともちゃんと考えてある。耕平には私の生命保険があるから大丈夫だ」

不動産と1000万円ほどの預貯金は、家業を継がせるためにすべて兄に相続させる。弟は、財産を相続しない代わりに3000万円の死亡保険金の受取人になる。それが父親の考えていた相続対策であり、遺言書もつくられました。

ところが、〝争い〟は起きたのです。父親の死後、遺産分割の話を始めた弟に、大沢さんが父親の遺志を告げます。すると、弟はこう反論したのです。

「生命保険金は指定された受取人の財産なんだよ。だから、生命保険と親の遺産とは別々の話。俺にも兄貴と同じだけ遺産をもらう権利はあるんだ――」

＊

相続でもめている兄弟姉妹を見ていると、親の財産を取り合っているわけではなく、〝親の愛情の奪い合い〟をしていると感じることがよくあります。大沢さん兄弟は、その典型的なケースといっていいでしょう。

兄に家業を継がせ、不動産も預貯金も兄に相続させる――。この父親の遺志は、長男が自分の右腕となって家業を手伝ってきたことを考えれば、決して非常識なものではありません。しかも、次男を生命保険金の受取人にしています。子どもたちに不平等感が生じないようにと、生命保険金を活用する親は少なくありません。大沢さんの父親も、長男だけを可愛がっていたわけではなかったはずです。

しかし、弟の立場になってみると、物申さずにいられない気持ちもよくわかります。親と子の〝距離感〟を考えたとき、家を出て独立した自分と、実家に残って父親を手伝っている兄とでは、明らかに隔たりを感じていたはずです。おそらく、父親にとって兄は期待の星であり、自分は何も期待されていない存在なんだという思いを、弟は抱いていたに違いありません。つまり、父親の愛情は長年にわたって兄に奪われ続けてきたというわだかまりが心の中にあり、遺言書の内容を知った瞬間、そのわだかまりが一気に爆発した……。

親の愛情をめぐって兄弟姉妹が言い争う場面を、私はいやというほど目にしてきました。

たとえば、「兄貴の写真のアルバムは5冊もあるのに、オレのは1冊しかない」と言った弟。「自分は家業を継ぐために工業高校を出てすぐに働いたのに、弟は大学に行って海外留学までさせてもらった」と言った兄。「お姉ちゃんが頼めばピアノも犬も買ってもらえたのに、私は何も買ってもらえなかった」と言った妹。「妹ばっかり塾にも行かせてもらえたし、家庭教師もつけてもらえた」と言った姉。こういった思いは、お金や物品への不服ではなく、親の愛情が自分以外の兄弟姉妹に向けられたことへの不満なのです。

相続になれば、親の愛情で心が満たされなかった思いが、財産の奪い合いに発展することがあるのです。しかし、心の問題だからこそ、お金ではなく親の心遣いで解決することもできるのです。

これは生命保険の外交員の方から聞いた話ですが、大沢さんのケースと同じように長男に家督を相続させ、次男を生命保険金の受取人にした父親のエピソードです。父親は次男のために生命保険に加入する際、外交員に次男の思い出をたくさん話して聞かせたというのです。幼い頃は病弱で、健康に育ってくれるかどうかとても心配だった。小学生時代、父の日に学校で描いた自分の似顔絵がとても上手で驚いた。健康のために禁煙させようと、タバコを隠されたことがあった。初めて寿司屋に連れて行ったとき、親の懐具合を心配して安いものばかり頼んでいた……。

父親が語った次男の思い出話の数々を、外交員の方はメモに取っていました。父親が亡くなったとき、次男は自分が何も相続できず、生命保険金しか受け取れないことに怒りさえ覚えていたそうですが、外交員の方がメモを見せながら、「お父様は、あなたが本当に優しい息子だって自慢していらっしゃいましたよ」と話すと、大粒の涙をポロポロこぼし、「この保険金をもらえるだけで僕は十分だ」と家族に向かって言ったそうです。

相続の際、数字の上では不公平な財産分割を記した遺言書があっても、子どもたち一人ひとりに対して、「あなたは私の人生にとってどれだけ素晴らしい存在であったか」という気持ちをしたためた親の手紙などが添えてあると、それだけでもめ事が収まることがよくあります。大沢さんのケースは、残念ながらいまも争いが続いているのですが、もしも次男に対する父親の愛情が、生命保険だけでなく手紙などにつづられていれば、2人の兄弟が〝争族〟となることは避けられていたのではないかと、私には思えてなりません。

◉実例16――遺産分割協議後に新たな財産が見つかった

遺産分割協議は、時間も労力も費やされる作業です。横井信行さん（45歳）の父親は、資産家というほどの大金持ちではありませんが、手広く事業を営んでいました。亡くなったときに遺言書はなく、すべての相続財産を把握するのにかなりの苦労を強いられました。

相続人の関係も少し複雑でした。母親はすでに他界していましたが、子どもは長男の横井さんの下に、長女、次女、次男と４人です。そのうち長女は、結婚後に亡くなっていましたから、長女が生んだ２人の子ども（孫）も法定相続人です。さらに、父親には先妻との間にできた子どもが２人いたため、相続人は７人ということになります。遺産分割協議のために、横井さんは何日も会社を休まなければなりませんでした。

それでも、大きなトラブルもなく、どうにか全員が納得できる方向で話し合いを調えることができました。そして、遺産分割協議書を作成し、やっと肩の荷が下りたと感じていた矢先、遺族が把握していなかった父親の財産が見つかったのです。それは、８００万円の預金と、時価４６０万円の有価証券でした。

遺産分割協議に入る前にしっかり調べたつもりでも、横井さんのように後々になって被相続人の財産が新たに見つかるケースは、決して少なくないのです。

＊

あまり大きな声では言えませんが、遺産分割協議後に新たな財産が見つかったとき、「黙っていればわからないだろう」と、見つけた人がこっそり自分のものにしてしまうことも、現実にはあるようです。しかし、他の相続人にバレないという保証はどこにもありませんし、税務署から指摘を受けることもあります。やはり速やかに相続人全員に報告すべきです。

新たな財産が見つかった場合、すでに終えている遺産分割協議が無効になるわけではありません。横井さんのケースであれば、預金の８００万円と有価証券の４６０万円を合わせた１２６０万円の財産について、新たに遺産分割協議をすることになります。

その際に気をつけたいのは、新たな財産を見つけた相続人が、他の相続人たちから「隠していたのではないか?」と疑われないようにすることです。もしも本当に隠していたのであれば、済んでいる遺産分割協議に瑕疵（法律上の欠陥）があったことになり、遺産分割協議を最初からやりなおさなければならなくなります。

横井さんのケースでは、法定相続人が7人もいて、その中には父親の先妻の子もいます。会社を何日も休んでようやく調えた遺産分割協議を、新たに見つかった財産のためにもう一度行うというのは、相当な負担になります。

そういう場合に備えて、打っておく手があります。第3章でも触れましたが、新たな相続財産が見つかったときの対応を、遺産分割協議書の中に記しておくのです。

たとえば、話し合いの結果、法定相続分に従って分けることに決まったのであれば、遺産分割協議書に、「新たな相続財産が見つかったときは法定相続分に従って分配する」という一文を明記しておきます。遺産分割協議書は、相続人全員の合意で作成されたものですから、新たな相続財産が出てきても速やかに処理することができます。

また、一次相続の場合であれば、「新たな相続財産が見つかったときは配偶者が相続する」と記すこともよくあります。考えもしなかった相続財産が突然出てきても、配偶者が相続しておけば、二次相続で再び遺産分割の機会が巡ってくるからです。

◉実例17――複数の遺言書

親の遺言書があったおかげで、相続がもめることなく行われたケースはたくさんあります。しかし、ときには遺言書がトラブルの原因になることもあるのです。

江上悟さん（55歳）の母親は、自筆証書遺言（167ページで詳述）をつくっていました。江上家では、父親が亡くなったときに遺言書がなく、財産の相続のことで母親と3人の子どもたちとの間で口げんかになったことがありました。そのときは、すべての財産を母親が相続することで落ち着きましたが、いずれ自分が死んだときに、親の財産をめぐって子どもたちが争いにならないように遺言書をつくることにしたのだと、江上さんは母親から聞かされていました。

相続人は、長男の江上さん、長女、次男の3人です。母親は、2年前まで実家で江上さんと同居していました。江上さんは長い間独身でしたが、50歳のときに結婚。妻は22歳も年下です。孫ほども若いお嫁さんを迎え、当初は母親も喜んでいましたが、1年もすると嫁と姑の折り合いが悪くなり、3年が過ぎると、母親は「この家にはいたくない」と言って、長女と暮らし始めたのです。

長女には夫も子どももいます。しかも、狭いマンション暮らしですから、「そのうち厄介者扱いされて戻ってくるだろう」と江上さんは思っていました。しかし、実家には戻ってくることなく、2年後に母親は長女のマンションで亡くなったのです。

長男が保管していた遺言書には、次のような内容が記されていました。
・実家の不動産は長男に相続させる
・預金は長男が2分の1を相続し、長女と次男が4分の1ずつを相続する
ところが、遺言書はもう1通あったのです。それは長女に預けられていたもので、内容を見た江上さんは目を疑いました。実家の不動産を長男に相続させることに変わりはありませんでしたが、預金に関しては、こう記されていたのです。
・預金は長女が3分の2を相続し、次男が3分の1を相続する
長男への預金の分配はありません。江上さんには少なくない借金があり、母親の預金の半分がもらえることを期待していたのですが、アテが外れた恰好です。

どちらの遺言書が有効なのか——。江上さんと長女は激しく対立します。子どもた

ちが相続で争わないようにと願っていた母親でしたが、２通出てきた遺言書が、子どもたちの相続争いの火種になってしまったのです。

＊

遺言書の内容は、本人の意思で何度でも書き換えることができます。どちらも母親が自分の意思で書いたものであれば、作成された日付が新しいほうの遺言書が法的効力を持ちます。

推測も含めて述べますが、江上さんの母親の遺言書は、どちらも書かれた時点では母親の正直な気持ちが表れているものだと思われます。実家で長男と同居していたときは、この家を守っていくのは長男だし、一緒に暮らしているのだから、少しは長男に余分に財産を遺してやりたいと母親は思ったことでしょう。まだ独身だった長男の結婚資金のことも、母親の頭の中にはあったかもしれません。

しかし、長男が結婚し、嫁との折り合いが悪くなれば、母親の気持ちに変化が生じても仕方がありません。居づらくなった実家を出てから、長女の家族との暮らしのほうが幸せだと感じたなら、長女のために少しでも多く財産を遺してやりたくなるのは、人間としてごく普通の感覚ではないでしょうか。

このケースは、長女が預かっていた新しい遺言書に従うのが、江上さんにとっても最善の選択です。なぜなら、2通目の遺言書でも、江上さんは実家の不動産を相続できるからです。

もしも、長女が預かっていた遺言書の無効を家庭裁判所に申し立て、認められたとしても、長女には遺留分を請求する権利があります。長女の遺留分は「実家の不動産も含めたすべての相続財産の6分の1」です。仮に、不動産の評価額を4000万円、預金を2000万円として計算すると、長女の遺留分は1000万円です。これは、1通目の遺言書に記載された「預金の4分の1」に当たる500万円の倍の金額です。長女と次男が揃って遺留分減殺請求をすれば、2000万円を長女と次男が相続することになります。

また、争いが泥沼化し、調停になって法定相続分（各人が3分の1）に則って財産を分けるように命じられでもすれば、江上さんの相続分は2000万円になり、実家の不動産を一人で相続することもできなくなってしまいます。

遺言書は（非常識なものは別にして）、親が家族に伝える最後のメッセージなのです。子どもたちに対する思い――裏を返せば、親に対する子どもたちの日頃の態度が色濃く表れるものです。その〝重み〟をしっかり受け取ることが、残された家族の責務でもあるのです。

第5章　遺言書は親子の絆の証明書

●――もっとも有効な「もめない対策」

「私が死んだら、財産はみんなおまえにやるからな」

生前の親から、長男がこのように言われていたとします。しかし、親が亡くなった後で、この口約束には何の法的効力もありません。相続人が長男一人しかいない場合を除いて、親の財産は相続人の間で分けなければならないのです。

親が約束してくれたことの証拠を残しておこうと一筆書いておいてもらったとしても、遺言書としての法的な要件を満たしていなければ同様です。また、親の日記や手帳の中に、財産の分け方に関する記述があったとしても、法律上は何の強制力も持ちません。

親の意思で遺産分割を行うためには、生前に「遺言書」を作成しておいてもらうしかないのです。言い方を換えれば、遺言書がある場合は、相続時の遺産分割の行方は遺言書の記載が（遺留分を侵していなければ）何よりも優先されるのです。遺言書があれば、相続人同士が財産の取り分をめぐって話し合う余地もなくなります。そのため、もめ事が起こる可能性も低くなるものです。

欧米では、親が生前に遺言書をつくるのは、ごく普通の習慣にもなっています。一方、日本では遺言書がつくられるケースはまだまだ多くはありません。国内で起きるすべての相続で、遺言書があるのは全体の1割にも満たないでしょう。

日本人が遺言書をつくらない理由は、いろいろ考えられます。親の立場からすれば、自分の死について具体的に考えたくない、縁起でもないという気持ちもあるでしょうし、健康でいる間は、いますぐつくる必要はないとも思うでしょう。また、つくるのが面倒くさいという人もいるでしょうし、ウチでは相続争いなんか起きるはずがないと思っている人も多いものです。

そして、一番の理由は、子どもたちに対する愛情に〝差〟をつけたくないということだと私には思えます。自分の財産を子どもたちが平等に分ければいいと思っていれば、わざわざ遺言書をつくらなくてもいいと考えるのです。法定相続分に則って分ければ、子どもたちの相続分は平等になりますし、もしも子どもたちが平等では困ると言うのであれば、子どもたち同士が分け方を話し合えばいいことです。そう思っていれば、親は遺言書の必要性をそれほど感じはしないものです。

しかし、どんなに仲のいい家族や兄弟姉妹であっても、もめ事が起きないという保証はどこにもありません。本書でもいくつか実例を示したように、相続がきっかけで不幸にして家族の絆が綻びてしまうことが多々あるという現実は、すでにおわかりいただけたことと思います。

子どもたちが相続でもめることを望む親はいないはずです。もめたくてもめ事を起こす子どもたちもいないはずです。だからこそ、家族にできるもっとも有効な「もめない対策」として、遺言書をつくることを私はおすすめしたいのです。

まだまだ少ないとはいえ、日本でも遺言書が作成されるケースは年々増えています。しかし、書き方や扱い方の不備などで無効になることもしばしばあります。遺言書には、守らなければならない約束事があるのです。せっかくの親の遺志を無効にしないためにも、まずは遺言書に関する正しい知識を身につけてください。

遺言書の基礎知識

遺言書は、親が家族への思いを伝える最後のメッセージです。とはいえ、遺言書の記載が実際に効力を持つ事項は限られています。おもなものは次の通りです。

i. **子の認知**（民法第781条第2項）
認知していなかった子を死後に認知し、財産を相続させることができる

ii. **遺言執行者の指定**（民法第1006条）
遺言書の記載事項を確実に実行してくれる人を指定できる

iii. **遺贈**（民法第964条）
法定相続人以外の者（法人・団体も含む）を財産の受取人に指定できる

iv. **未成年後見人・未成年後見監督人の指定**（民法第839条・848条）
相続人の中に未成年の子どもがいる場合、それに代わる後見人を指定できる。また、後見人に対する監督人も指定できる

v.　**相続人の廃除**（民法第８９３条）
特定の相続人の相続権を失効させることができる（67ページ参照）

vi.　**相続分の指定**（民法第９０２条）
どの財産を誰にどれだけ相続させるかを指定できる

vii.　**遺産分割方法の指定**（民法第９０８条）
財産の現物分割・換価分割・代償分割などの方法を指定できる（93ページ参照）

viii.　**遺産分割の禁止**（民法第９０８条）
遺産の分割を禁じ（最長５年）、相続人の共有とさせることができる

ix.　**相続人相互の担保責任の指定**（民法第９１４条）
相続財産の一部の評価額が下落し、それをもらった相続人が損をした場合、損失分を他の相続人が埋め合わせる割合を決めておくことができる

x.　**遺贈に関する遺留分減殺方法の指定**（民法第１０３４条）
財産を遺贈した相手が、他の相続人から遺留分の減殺請求を受ける可能性がある場合、どの財産から遺留分を支払うかを指定できる

xi. **祭祀主宰者の指定**（民法第897条第1項）
仏壇、墓などを引き継ぎ、葬儀・法事などの祭祀を主宰する人を指定できる

xii. **特別受益の持戻しの免除**（民法第903条第3項）
特定の相続人に対する特別受益の持戻し（101ページ参照）を免除させることができる

遺言書には、普通方式と特別方式とがあります。特別方式は船が遭難したときや伝染病が発生したときなどに限定された遺言ですから、ここでは触れません。普通方式の遺言書には、**「自筆証書遺言」「公正証書遺言」「秘密証書遺言」**の3種類があります。それぞれの作成のポイントについて解説しましょう。

①自筆証書遺言

本人が遺言書の全文・日付・氏名を自分で書き、押印します。本人の筆跡であることが必要なので、代筆やパソコンで書くことは認められていません。「○月吉日」と

するなど、日付が不明確なものや、要件に合致しないものは無効です。また、遺言書の一部の加筆や訂正の方法は特に厳重に定められており、これに則っていなければ、訂正自体が無効となり、訂正前の内容が遺言として残ってしまいます。

自筆証書遺言のメリットは、費用がかからず、いつでもどこでもつくれることです。最近では遺言書を書くための本や「遺言書キット」なども販売されているので、自筆証書による方法もハードルが下がりました。ただし、保管場所を誰かに伝えておかないと、相続のタイミングで発見されないことがあります。また、悪意のある相手に保管場所を伝えてしまうと、破棄・偽造・変造されてしまう恐れがあります。

また、自筆証書遺言を被相続人の死後に開封するためには、家庭裁判所に**「検認」**の請求をする必要があります。これは、遺言書があったことを相続人全員に知らせるとともに、その中身を確認して、それ以後の偽造・変造を防止するための手続きです。

②公正証書遺言

公証人役場で、2人以上の証人の立ち会いのもとで作成します。遺言の内容を本人が口頭で伝え、公証人が筆記したものを本人と証人が承認し、署名・押印します。公正証書遺言は、原本が原則20年間公証人役場に保管され、本人には正本と謄本が渡されます。

公正証書遺言のメリットは、記載要件に不備のない遺言書を作成できることです。また、滅失・隠匿・偽造・変造の恐れもなく、検認手続きなしで開封することができます。ただし、証人から遺言書の内容が漏れる可能性があるほか、コストがかかるというデメリットもあります。

③秘密証書遺言

署名・押印の上で封印した遺言を公証人役場に持参し、2人以上の証人の立ち会いのもとで、遺言書の存在のみを公的に承認してもらう方法です。代筆やワープロ書きでも構いませんが、記載事項に不備があれば無効になってしまいます。

秘密証書遺言のメリットは、内容の秘密が守られながら、滅失・隠匿・偽造・変造の恐れがない点です。ただし、自筆証書遺言と同じく、死後に開封するためには、家庭裁判所に検認の請求をする必要があります。

遺言書を遺すには以上の3種類の方法がありますが、特別な事情がない限りは秘密証書遺言をおすすめします。

先に述べた家庭裁判所で行う検認の手続き自体は確かに煩雑ですが、信頼できる専門家に依頼すれば、大きなストレスはありません。

何よりも秘密証書には、記載内容に関しての自由度が高く、コストも安いという利点があります。法的不備の問題や発見されない可能性のある自筆証書、財産内容に応じてコストがかかる上に、内容の秘密が守られない公正証書よりも、記載内容の自由度が高く、コストの安い秘密証書が、最も魅力的な方法なのです。

遺言書は、満15歳以上であれば誰でも作成することができます。また、一度つくったら終わりではなく、必要があれば何度でも内容を変更することが可能です。そのため、実例17の江上さんのように複数の遺言書が出てくるトラブルも起きるわけです。もしも遺言書を新しく書き換えた場合は、古い遺言書は確実に破棄しておくほうがトラブルを防げます。

特別な思いは「付言事項」に

遺言書で指定できることは、おもに先に挙げたi.～xii.の12項目です。それ以外の記述については法的効力はありません。しかし、書いてはならないというわけではありません。

たとえば、遺言書に法定相続分とは異なる「相続分の指定」を記載した場合です。妻に先立たれた父親が、3人の兄弟に財産を相続させる場合に、法定相続分に従えば3分の1ずつの配分になります。しかし、長男と次男はさっぱり父親に寄りつこうとせず、三男だけが日頃から父親の面倒を見てくれていたとします。その親孝行に報いたいと、父親が遺言書に「財産の2分の1を三男に、4分の1ずつを長男と次男に相続させる」と書いたらどうなるでしょう?

父親の死後、遺言書を見た長男と次男は怒り出すかもしれません。三男も戸惑うかもしれません。遺言書が元で兄弟の仲が悪くなってしまうこともありえます。

こういう場合には、「なぜそのような遺産分割方法を選択したのか」という理由を、

「付言事項」として遺言書の最後に書き加えることができます。たとえば――

「妻が亡くなってから、私を支えてくれたのは3人の息子たちだったが、とりわけ三男には晩年に大きな負担をかけてしまった。その償いとして、三男には財産を余分に与えてやりたいと思う。長男と次男には不愉快な思いをさせてしまうが、父の最後のわがままだと思って許してほしい。そして、遺産の額は違っても、おまえたち3人を大切に思う私の気持ちに分け隔ては一切ないということも忘れないでほしい」

こんな一文があれば、2人の兄も簡単に目くじらは立てないでしょう。まして、三男ばかりに父親の世話をさせていたという負い目があれば、父親の最後の願いを聞き入れないわけにもいかないものです。

気をつけたいのは、生前に抱えていた不満や、相続人に対する悪口といったネガティブな内容を記すのは避けるということです。もしも、「長男と次男は親孝行をしなかったから三男にたくさん相続させる」などと付言事項に書かれていれば、それこそ火に油を注ぐことになるだけです。

「子の認知」「遺贈」「相続人の廃除」「遺産分割の禁止」などについても、理由を付言事項に書き加えることで、相続人の余計な混乱を防ぐことができます。ただし、理由が長文になるときや、特定の相続人に向けてメッセージを伝えたいときは、遺言書の付言事項にするのではなく、別途手紙などを添えるようにします。

親に遺言書を書いてもらうには

さて、遺言書の基本的な知識について述べてきましたが、相続人となるであろう側（子ども）がどれだけ理解していたとしても、肝心の被相続人となるであろう側（親）が無関心では、もっとも有効な「もめない対策」を実行に移すことはできません。ここからは、親に遺言書を書いてもらうために、子どもの立場でできることを考えてみたいと思います。

まず、大前提として申し上げておきたいのは、親に向かって単刀直入に「遺言書を書いてくれ」などと切り出してはならないということです。遺言書は、〝死んだ後〟に必要になるものです。いきなり書いてくれと言われれば、親は「この子は私の死を望んでいるのか」とも思いかねません。

遺言書を作成するときは、いやが応でも〝自分の死〟というものを直視しなければならないのです。その重圧を親に強いることになるわけですから、細心の心配りができなければなりません。

そこで、親にお願いする前に、まず自分自身が遺言書をつくってみることを私は提案したいのです。

始めてみると、自分の財産を把握することが意外に大変であること。自分の財産を大切に使ってほしいという気持ち。いま自分が死んだら、残された家族がどれだけ困るか。家族のために「こうしておけばよかった」と思うことが山のように残されていること――。そういった、自分の〝死〟に関わるさまざまな思いを痛感させられるに違いありません。

遺言書をつくるときの複雑な心境を、自分自身も理解しておく。それだけでも、親に対して無神経なお願いの仕方はしないで済むと私は思います。

●──子の務めは親への取材

遺言書を書いてもらう前段階として、相続について親に関心を持ってもらうことが大切になってきます。本書を読んだ人であれば、「相続はこんなに大変なんだ。だから遺言書を……」と、自分の口から親に説明することもできるでしょう。しかし、肝心なのは自分の口ではなく、親の口なのです。

「相続について親子でコミュニケーションを取るにはどうしたらいいのでしょうか?」

こういう相談を受けたとき、よく私はこんなアドバイスをさせてもらっています。

「大切なのは口よりも目、目よりも耳です」

「口」「目」「耳」という字を比べてみてください。「口」よりも「目」のほうが線が2本多く、「目」よりも「耳」のほうが5カ所長く突き出ています。これは、話すことよりも見ること、見ることよりも聞くことが大切だというコミュニケーションの原則に通じると私は考えています。

コミュニケーションというと、多くの人は、何をどう話せばいいのかということを考えますが、相続についての話し合いにおいては、親が主役にならなければなりません。子どもの側に求められるのは、親の胸の内を知る努力です。そういうふうに考えると、相続のために必要なコミュニケーションとは、〝親への取材〟と言い換えてもいいと思います。

自分自身が遺言書をつくるときに感じたこと――つまり、財産がどれだけあるのか、財産をどう使ってほしいのか、元気なうちに何をしておきたいのか、自分が死んだら家族にどうしてもらいたいのか――といった思いを、親の口から話してもらうことが、家族間で必要なコミュニケーションになるのです。

難しいのは、話をしてもらうタイミングです。しかし、普段の生活の中にも、きっかけはいろいろと見つかるものです。

たとえば、親が知人の葬儀に参列したときです。親が帰ってきたら、葬儀の様子や葬儀で感じたことなどを質問してみます。すでに祖父や祖母が他界しているのであれば、親が自分の親の葬儀をどのように執り行ったのかということも聞いてみます。そういった話をした後であれば、親が自分の両親からどんな遺志を引き継いだのか、そして、自分は子どもにどんなことを引き継いでほしいのかといった質問も、自然にできるはずです。

こういう話題は、祖父や祖母の命日や、お盆やお彼岸にご先祖のお墓参りをした後などに切り出してもいいでしょう。

誕生日もきっかけになります。特に、親ではなく自分（子ども）の誕生日です。誕生日は、「生んでくれたことを親に感謝する日」でもあります。自分を生み、育ててくれたことへの感謝の気持ちを込めて、「これから私に何ができるのか、何をしてほしいのか」といった希望を聞いてみるのです。

「いまさら、そんなことは聞きにくい……」

そう思う人もいるかもしれません。ですが、子どもに言わずに（あるいは、言えずに）胸の内にしまい込まれている親の思いというのは、意外にたくさんあるものです。子どもが成人し、社会人として立派に生きていれば、親も遠慮して口をつぐむことは少なくありません。たとえば、「たまには温泉にでも連れて行ってほしい」と思っていたとしても、子どもが毎日忙しく働いていれば、「自分が我慢すればいい」と親は考えるものです。

そういった小さな願いを一つでも多く親から話してもらうことが、親への取材ということなのです。そして、親が自分の正直な気持ちを遠慮することなく口にできる雰囲気が生まれれば、家族の間で相続の話はタブーではなくなるはずです。

●――エンディングノートを活用しよう

最近は、エンディングノートを利用する高齢者も増えてきました。遺言書というと物々しいイメージがありますが、エンディングノートは自分の人生を振り返り、人生を希望通りにまっとうするための「自分史」のようなものです。書店に行けば、いろいろな種類のものが市販されていますが、これを家族の間でのコミュニケーション・ツールとして活用するのも一つの方法です。

エンディングノートは、親の誕生日や、父の日・母の日などの記念日に子どもが贈るケースも多いと聞きます。子どもから親へ贈ることは賛成ですが、「死ぬときに備えて付けておいてください」と言わんばかりの渡し方は禁物です。エンディングノートは、「親の人生をもっとよく知りたいから付けてもらう」ために、子どもから贈るべきものです。

エンディングノートは親が密かに記入するのではなく、家族の間でオープンにしておきます。親の人生を1ページずつめくりながら、書かれている事柄について、家族が話し合うのです。生い立ちから亡くなった後のことまで記されるのがエンディングノートです。ノートの記述を最初から家族全員で追っていけば、無理のない流れの中で親の晩年や相続のことも話題にできるはずです。

エンディングノートにも、自分の財産について書き込むページがあります。自分の死後、どの財産を誰にどれだけ引き継がせたいかという意思が記されていれば、家族の間で遺言書の話ができる準備も整ったと思っていいでしょう。

また、遺言書には記載されない以下の事項についても、親が元気なうちに家族で話し合っておきたいものです。

【確認しておきたい親の意思】

・万が一、寝たきり状態になったときの療養や介護についての希望
・万が一、認知症になったときの後見人についての希望
・万が一、回復の見込みがない状態になったときの延命措置についての希望
・臓器提供や献体の意思
・亡くなったときに知らせてほしい人たちの連絡先
・葬儀についての希望
・お墓についての希望
・形見分けしたい品物と、処分してほしい品物

●──遺言書は「元気なうちに」つくるもの

親の意思がどれだけ具体的に記載されていたとしても、エンディングノートには法的効力はありません。いつか親が天寿をまっとうしたとき、親の意思を尊重して相続

を円満に終えるためには、やはり親が元気なうちに遺言書を書いてもらわなければなりません。

遺言書の作成を親にお願いするときの注意点としては、まず子どもたちの総意として親に伝えることが重要です。一人っ子の場合は別ですが、兄弟姉妹がいるとき、誰か一人が独断で親に遺言書の作成を頼むことは、後々のトラブルの原因にもなります。親に遺言書を書いてもらうのは、子どもたち全員からのお願いであるべきです。

もちろん、そのためには普段から兄弟姉妹のすべてが相続に対して問題意識を持ち、家族全員で話し合っておくことが大前提になります。

そして、遺言書をつくる〝主体〟はあくまで親であることを、親自身にも自覚してもらうことです。「親の財産を処分する権利は子どもにはないのだから、親の意思で決めてください」という姿勢を、子どもの側は忘れてはなりません。

自筆証書遺言を作成するために必要な用紙（コピー防止仕様の遺言用紙なども市販されています）や資料を揃えたり、公正証書遺言を作成するために公証人役場に親を連れて行ってあげたりする手助けはかまいませんが、記載内容について子どもの側が口出しすることは禁物です。書き方の相談などを受けた場合でも、趣旨にまで踏み込むようなアドバイスは慎まなければなりません。

もしも両親ともに健在であれば、配偶者の口添えを借りる方法もあります。たとえば、父親に遺言書を書いてもらいたいときに、母親からお願いしてもらうというやり方です。実は、これはよくあるパターンで、子どもの言うことにはなかなか耳を貸さない父親でも、妻の言葉であればすんなり受け入れてくれることがあります。「あなたが死んだあと、困るのは私たちなんですよ」という一言は、子どもよりも妻から発せられたほうが、父親には身にしみるものです。

＊

親に遺言書を書いてもらうのは、子どもにとっては精神的にかなりの負担となるお願いです。しかし、相続のお手伝いの仕事をする中で、「そのうちに書く」と言っていた親が、結局は遺言書をつくらないまま亡くなり、残された家族が困ってしまったケースを、私は数多く見てきました。

「そのうちに書く」というのは、親が自分はまだまだ元気だと思うからこそ口にする言葉でもあります。しかし、遺言書は「元気なうちに書いてもらう」ものなのです。子どもの側まで「そのうちに……」と考えていては、もっとも有効な「もめない対策」を講じるための時間も、どんどん少なくなっていくということは、肝に銘じておいてほしいと思います。

私は相続の専門家ではありますが、遺言書は極めてプライベートな問題ですから、相談に来られたご家族の遺言書の作成過程にまで立ち入ることはありません。ですが、以前こういう依頼を受けたことがありました。

「遺言書の大切さを父に説明してやってもらえませんか？」

そのときに、私が相談者の親御さんにお話しさせていただいたことを要約して、この章の最後に記しておきたいと思います。

＊

お父様に遺言書についてお話しさせてください。

私は相続のお手伝いという仕事に30年近く携わってまいりました。親の相《すがた》を子が引き継ぐということは、とても由々しく、また尊いものです。

しかし、悲しいことに、相続がもとで争いになることもよくあります。大切な父親を失ったことで、残された子どもたちの思いがバラバラになり、もめ事が起こってしまうのです。

そういった無益な争いを避けるためには、何が必要でしょうか？　それは、父親の意思です。自分の相《すがた》をどう引き継いでほしいのかという意思がわかっていれば、父親が遺した有形無形の財産をめぐって、子どもたちは争うこともないのです。

遺言書は、お父様ご自身が子どもたちに託す意思です。その意思を子どもたちが誠実に引き継ぐことが相続です。いわば、遺言書は〝親子の絆の証明書〟なのです。

どうか、大切な子どもたちに幸せな人生を歩んでもらいたいという親の愛情を、遺言書に記してください。そのためにも、お元気なときにご自身の相続について、子どもたちとしっかり話し合ってください。お父様の相《すがた》は、子どもたちの相《すがた》となって、生き続けるのですから――。

第6章　相続税は知らないと損する税金

納税者の3分の1は払いすぎの現実

相続のもめ事の大半は、〝心〟で解決できるものです。しかし、〝心〟とは関係のないところで立ち塞がるハードルもあります。それが「税金」の問題です。

相続税はお金持ちにしかかからない税金だと思っている方も多いかと思います。実際に、相続に関する統計データを見ると、相続税の支払いが生じたケースは、全体の1割にも達していません。しかし、最初に申し上げておきたいのは、だからと言って**「相続税は9割の人には関係のない税金ではない」**ということです。

東京国税局のデータを基に、当社で試算した相続税課税対象者数増加に関する資料は24ページに掲載しましたが、その内訳を見てみましょう（次ページ**グラフ2**参照）。

これによると、改正前の税制において相続税の申告が必要になったのは、全体の約21％ですが、このうち、実際に課税されたのは約7％。つまり、残りの約14％の人は「申告して相続税がゼロになった」人たちなのです。

グラフ２　相続税課税対象者と納税者の内訳

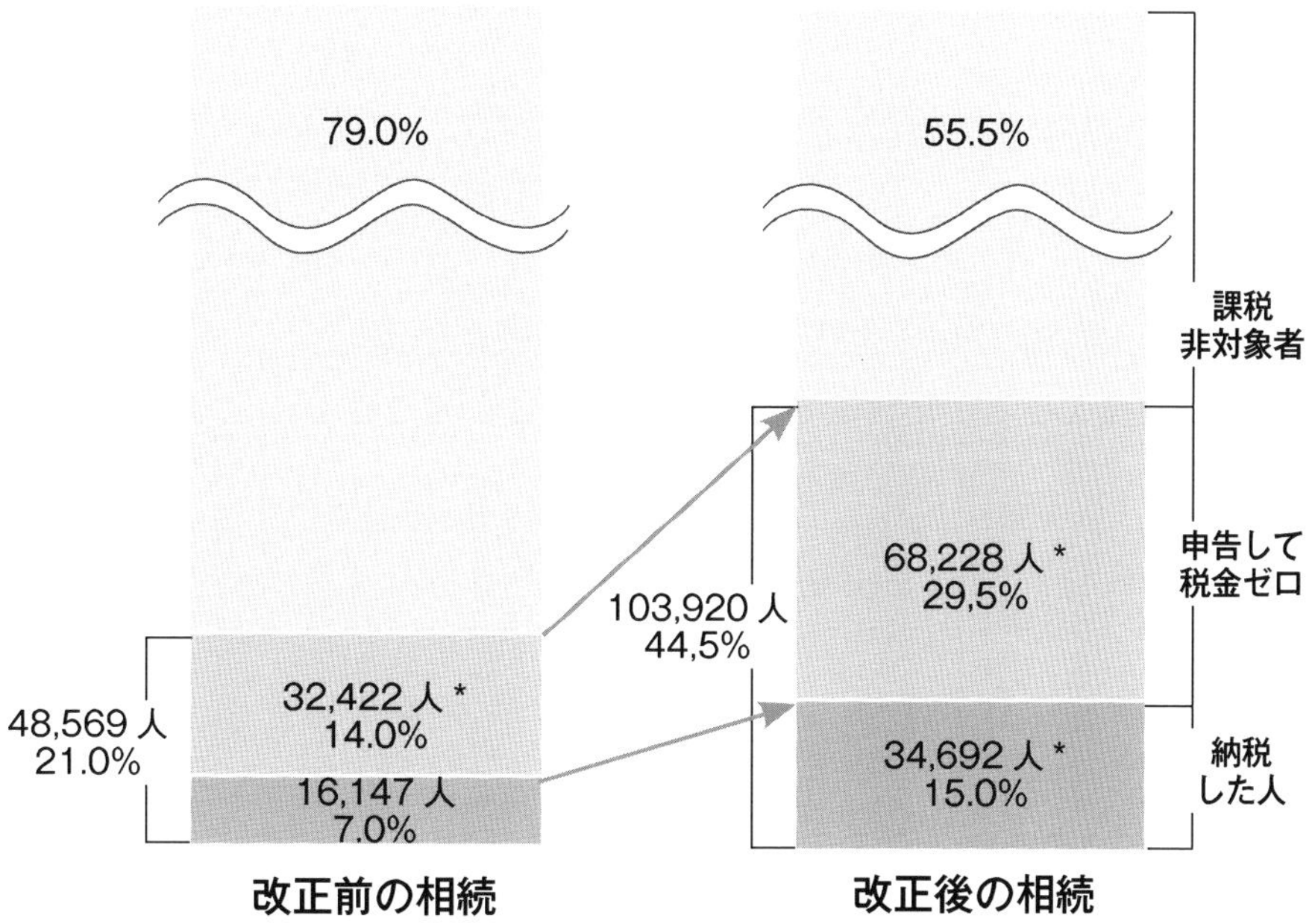

＊税理士法人レガシィ試算

仮に、「申告して相続税がゼロになった」人たちが「申告しなかった」としたら、どうなっていたでしょうか？　もともと相続税がかからないケースだったのだから、「申告しなくても課税対象にはならない」などとは思わないでください。相続税にはさまざまな減税対策があり、特例措置もあります。約11％の人たちの大半は、できうる対策を講じ、10カ月以内に申告をすることで、相続税をゼロにできた人たちなのです。

さらに、対策や特例を十分に生かすことなく申告してしまったため、

相続税過払い分還付請求手続の種類

		法定申告期限からの経過期間		
		1年以内	1年超 3年以内	3年超 5年以内
法定申告期限による区分	平成23年12月2日より前に到来するもの	更正の請求	更正の申出	嘆　願
	平成23年12月2日以後に到来するもの	更正の請求（5年以内）		

相続税を払いすぎてしまったケースも山ほどあります。実際に、期限となる10カ月の直前にあわてて申告したものの、「相続税が払えない」と言って私の事務所に相談にくる方も大勢いますが、こういう人たちの3分の1は、**「更正の請求」「更正の申出」「嘆願」**といった申告書を見直す手続きによって、払いすぎの税金を取り戻すことができているのです。

「更正の請求」は、法定申告期限から1年以内に納税者の権利として行う、納付済み税額のうち過払い分の還付請求です。「更正の申出」は、法定申告期限から1年超3年以内のもの。「嘆願」は、法定申告期限から3年超5年以内に行う手続きで、税務署長の職権によって税金を還付してもらうものです。

なお、これらは平成23年12月2日以後に期限を迎えるものから、すべて「更正の請求」に一本化され、その法定申告期限は5年以内となります。

相続税を払いすぎたとしても、税務署は「こうすれば納税額はもっと少なくて済みますよ」などと、親切に教えてくれたりはしません。その一方で、申告書の記載に不備があったり、申告書が提出されなかったケースについては厳しく調査します。ときには、相続人も知らなかったような親の財産を見つけ出してきて、「これだけの財産があるのですから相続税を払ってください」と指摘されることさえあるのです。

相続税は、〝知らないと損をする〟税金なのです。相続税で困らないためには、相続税を〝知ること〟が、なによりの事前対策になると理解してください。

相続税で苦労する人は確実に増える

本書の冒頭でも述べましたが、平成25年3月末に成立した「平成25年度税制改正法案」の施行によって、相続税の課税対象者は2倍以上に増えると予想されます。また、相続税の申告が必要になる人の割合も、これまでの18%から39%、もしくはそれ以上に増えると私は見ています。つまり、相続を経験する人の5人に2人は、相続税と関わらなければならない時代になったと言えるのです。

では、この税制改正によって、具体的に何が変わるのでしょうか？　知っておかなければならない増税のポイントは、以下の2項目です。

①基礎控除の6割水準への引下げ

「5000万円＋（1000万円×法定相続人の数）」という相続税の基礎控除額が、「3000万円＋（600万円×法定相続人の数）」に変更

たとえば、法定相続人が配偶者と子ども2人というケースを想定すると、従来は、5000万円＋1000万円×3＝8000万円までが基礎控除、すなわち非課税対象となったのが、改正後は3000万円＋600万円×3＝4800万円までしか認められなくなります。

②税率構造の見直しと最高税率の引上げ

表1：税制改正前後の相続税速算早見表

相続人の取得金額	現行		改正後	
	税率	控除額	税率	控除額
1,000万円以下	10%	―	10%	―
3,000万円以下	15%	50万円	15%	50万円
5,000万円以下	20%	200万円	20%	200万円
1億円以下	30%	700万円	30%	700万円
2億円以下	40%	1,700万円	40%	1,700万円
3億円以下			45%	2,700万円
6億円以下	50%	4,700万円	50%	4,200万円
6億円超			55%	7,200万円

課税対象となる取得金額を6段階から8段階に細分化し、最高税率を50%から55%に引上げ（**表1**参照）

今回の税制改正によって、国は年間3000億円規模の税収アップを見込んでいます。それだけ国民の負担が増すということで、これからは相続税を払うために苦労する人も増えてくるに違いありません。

そこで頭に入れておきたいことは、**「納税資金の確保」**です。相続税は金銭で一括納付するのが基本ですが、相続財産の大半が不動産だったりした場合、現金で払うことが難しくなります。現実に、相続税を払うために不動産の一部（あるいは全部）を売却しなければならなくなったケースはたくさんあるのです。

せっかく親が遺してくれた土地や建物を、税金を払うだけのために処分するのは非常に残念なことです。だからこそ、相続になってから慌てないよう、親が生きている間に対策を立てておくべきなのです。

あらかじめ相続するであろう財産を把握しておき、もしも現金（預貯金）が少ないとわかれば、現金化できる財産をリストアップしておいたほうがいいでしょう。また、生命保険など、相続発生後に受け取ることができる現金を納税資金として利用するのも一つの選択肢になります。

●──延納・物納にメリットはあるのか？

相続税を金銭で一括納付できない場合、**「延納」**や**「物納」**という方法もあります。

延納は、相続税を分割して払う方法で、以下の条件を満たしている必要があります。

・納めるべき相続税額が10万円を超えている
・金銭で納めることが困難な理由があり、かつ、その納付を困難とする金額の範囲である
・原則として期限内に延納申請書を提出する（期限後申告、修正申告でも申請可）
・担保を提供できる（公社債、土地、建物、税務署長が認める保証人の保証など）

延納期間は原則5年ですが、相続財産に占める不動産の割合が大きい場合は、最高20年まで認められます。また、延納する税額が50万円未満で、延納期間が3年以内であれば、担保は必要ありません。

延納を認めてもらうためには、原則として相続税の申告期限内（10カ月以内）に延納申請書を提出し、税務署長の許可を得なければなりません。

物納は、金銭ではなく不動産などの特定の相続財産で相続税を納付する方法です。これも、認められるためには、以下の条件を満たしていなければなりません。

・延納でも金銭で納められない理由がある
・金銭で納付することが困難な金額である

・原則として期限内に物納申請書を提出する（期限後申告、修正申告でも申請可）
・物納できる相続財産がある

現金がないときに相続税を払う手っ取り早い方法として、物納が選択されるケースもよくあります。しかし、平成18年の税制改正で物納の許可基準が厳格化・明確化され、スピードアップが要求されたことで、要件整備等の手間を敬遠して、申請する人が少なくなりました。

特に不動産に関していえば、抵当権が設定されている不動産や、境界が不明確な土地などは、**「管理処分不適格財産」**として扱われます。また、市街化調整区域内の土地や、接道条件を充足していない土地などは、**「物納劣後財産」**として扱われ、他に物納に充てるべき適当な価額の財産がある場合は、物納に充てることができません。さらに、日当たりが悪い土地、凸凹が激しい土地、形がいびつな土地、近隣の騒音が大きい土地なども、物納が認められにくくなっています。要するに、「高く売れない物件を国は引き受けません。自分たちで売却してから現金で納めてください」という方針に変わったわけです。

そうなると、相続税を現金で払えない人は、自分で不動産の売却先を探さなければなりません。ところが、国から「不適格」のお墨付き（？）をもらったような不動産は、簡単に買い手が見つかるとは限りません。売れない土地でも所有していれば固定資産税はかかります。急いで売ろうとすれば、足下を見られて買い叩かれるのが常です。そういったリスクを納税者の側が負担しなければならなくなっているのです。

話が前後しますが、平成18年の税制改正では延納の認定基準も厳しくなっています。相続の後、手元に残った現金（相続した現金＋相続人自身が保有していた現金）の中から、家族の3カ月分の生活費と、1カ月分の事業経費とを差し引いた残りは、すべて納税可能な現金と判断されます。相続税を払ってしまえば、預貯金がほとんど底をつく状態であったとしても、延納が認められないケースも出てきているのです。

延納や物納は、どうしても金銭で一括納付できないときの助け舟ではありますが、納税者にとって大きなメリットはありません。取得する相続財産は一時収入なのですから、相続税も一時払いが原則というのが私の考え方です。だからこそ、親が元気なうちにできる大切な相続税対策の一つとして、納税資金を確保する算段を整えておくことをお勧めしたいのです。

●──相続税を払いすぎないために

相続税は、さまざまな控除や特例を活用することで、税額を減らすことができます。相続人の個々の事情によって適用できるものは限られてきますが、税額控除は以下の6つになります。

①贈与税額控除──被相続人から生前3年以内に贈与があり、これを課税価格に加算された人に適用できる

第3章でも触れたように、相続開始からさかのぼって3年以内の被相続人・遺贈者からの贈与は、相続税の計算上は相続財産とみなされ、相続税が課せられます。しかし、贈与された時点で相続人・受遺者が贈与税を納めていれば二重課税になるため、これを調整するのが贈与税額控除です。

贈与時に贈与税を納めていた場合、相続開始前3年以内の贈与財産であっても、相続税額からその贈与税額を差し引くことができます。贈与税額控除額は、次のように計算します。

「贈与を受けた年分の贈与税額×（相続税の課税価格に加算された金額÷贈与を受けた年分の贈与税の課税価格）」

②配偶者の税額軽減――被相続人の配偶者に適用できる

これも第3章で述べましたが、配偶者は取得する財産が1億6000万円と法定相続分（通常は2分の1）のいずれか大きいほうの金額以内であれば、相続税はかかりません。配偶者の税額軽減額は、次のように計算します。

「相続税の総額×（次のA、Bいずれか少ないほうの金額÷課税価格の合計）」

A　課税価格の合計額×配偶者の法定相続分（取得する財産が法定相続分に満たないときは1億6000万円）

B　配偶者の課税価格

配偶者の税額軽減は婚姻期間に関係ありませんが、原則として申告期限後3年以内に遺産分割が終了し、なおかつ相続税の申告書に必要な事項が記載され、提出されている場合に限り適用されます。

③**未成年者控除**――相続人が未成年のときに適用できる

法定相続人のうち20歳未満の者については、その相続人が20歳に達するまでの養育費を考慮して控除が認められています。未成年者控除額は次のように計算します。

「6万円×(20歳－相続開始時の年齢)」

( )に1年未満の端数があるときは、切り上げて1年として計算します。

④**障害者控除**――相続人が心身障害者のときに適用できる

法定相続人のうち障害者については、福祉の増進のための控除が認められています。障害者控除額は次のように計算します。

「6万円(特別障害者の場合は12万円)×(85歳－相続開始時の年齢)」

( )に1年未満の端数があるときは、切り上げて1年として計算します。

⑤**相次相続控除**――相次相続があったときに適用できる

一次相続により財産を取得した者に相続税が課税され、その後10年以内に一次相続

相次相続控除額の計算式

$$[A] \times \frac{[C]}{[B]-[A]} \times \frac{[D]}{[C]} \times \frac{10-[E]}{10}$$

＊ $\frac{[C]}{[B]-[A]}$ が 100/100 を超えるときは 100/100

人が死亡して再度の相続（二次相続）が発生した場合、一次相続で払った相続税の一部を差し引くことができます。ただし、適用できるのは相続人に限られます。

相次相続控除額は、次のA～Eを上の計算式に入れて算出します。

A　被相続人が一次相続の際に課せられた相続税額

B　被相続人が一次相続の際に相続した純資産価額

C　二次相続の相続人・受遺者全員の純資産価額の合計額

D　二次相続の各相続人・受遺者がもらった純資産価額

E　一次相続から二次相続までの経過年数（1年未満の端数は切り捨て）

⑥**外国税額控除**――外国にある財産を相続したときに、外国で相続税を納めた場合に適用できる

相続（または遺贈）によって日本以外の国にある財産を取得し、相続税（もしくはそれに準ずる税金）をその国で納めた場合は、日本で払う相続税額から差し引くことができます。外国税額の控除できる金額は、次のA、Bいずれか少ないほうの金額になります。

A　①～⑤の税額控除後の相続税額

B　相続した外国財産のうち、海外で相続税（もしくはそれに準ずる税金）を課税されたときの税額

●――宅地には80％割引の特例も

日本人が所有する資産の6割強は不動産だと言われていますが、一定の条件を満たした宅地であれば、相続時に**「小規模宅地等の評価減の特例」**が適用できます。

被相続人が事業用や居住用として使っていた土地は、「財産」である以前に「生活の基盤」となっているものです。そこに高い税金を課すことは、引き継いだ相続人の生活を脅かすことにもなりかねないという理由から、大幅な減額措置が認められているのです。

小規模宅地等の評価減の特例は、被相続人が土地を所有していた場合、ほとんどのケースで適用でき、土地の評価額を最大で80％減額することができます。簡単に言うと、相続財産の中に評価額1億円の土地があっても、この特例が適用できれば、評価額を2000万円に減額できるということです。

相続財産の大半を土地が占め、そのままの評価額では多額の相続税が課されるときでも、この特例を使うことで大きな節税効果を上げたり、場合によっては相続税をゼロにすることも可能になります。

小規模宅地等の評価減の特例が認められるのは以下の4つの土地で、それぞれに適用要件、評価減割合、限度面積が決まっています。

①**特定居住用宅地**

被相続人の「住まい」として使われていた宅地のことで、次のいずれかの要件を満たした場合に、240㎡まで（平成27年より330㎡まで）80％の減額になります。

・被相続人の配偶者が相続する

・被相続人と同居していた親族が相続し、申告期限まで引き続き所有し、居住用に使用する

・被相続人に配偶者も同居親族もいない場合に、相続開始前3年以内に持ち家のない別居親族が取得し、申告期限まで引き続き所有する（たとえば、父親の死後に東京の実家を相続した母親が独り暮らしをしていて、長男が大阪の社宅で生活していたようなケース。母親が亡くなった後、長男が実家の宅地等を相続し、10カ月間所有したまま売らなければ適用されます）。

②**特定事業用宅地**

自営業者などが店舗や工場の敷地として使用していた土地のことで、次の要件をすべて満たした場合に400㎡まで80％の減額になります。

・被相続人の事業を引き継ぐ親族がいる
・事業を引き継ぐ親族が、その宅地の一部または全部を取得し、申告期限まで事業を継続する

事業を引き継ぐというのは、「事業主になる」という意味です。たとえば、被相続人が腕のいい職人で、小さな町工場を経営していたものの、一人息子には、父親の後を継いで職人の道を歩む意志がなく、サラリーマンになったようなケース。町工場の仕事は、父親の弟子たちが引き継ぐことになったとしても、息子がサラリーマンを続けながら町工場の事業主になるのであれば、特定事業用宅地等の評価減の特例は適用されます。

なお、現行制度で、この特定事業用宅地について、限度面積を全て適用する場合には、他の特例対象地に関して小規模宅地等の評価減を併用して適用することは認められていません。しかし、平成27年より、特定居住用宅地と特定事業用宅地の組み合わせの場合のみ、双方の限度面積の範囲において、併用してこれらの評価減を適用することを容認する改正法案が可決成立しています。

③特定同族会社事業用宅地

被相続人および被相続人と生計をともにする親族の持ち株割合が50％超の同族会社の事業用に貸し付けていた宅地のことで、次の要件をすべて満たした場合に４００㎡まで80％の減額になります。

・引き続きその同族会社の事業用に使用する

・同族会社の役員である被相続人の親族が取得し、申告期限まで引き続き所有する

いわゆるオーナー社長が自分の土地を自分の会社に貸しているケースです。たとえば、自分が所有している土地でコインランドリーを営業していて、そのコインランドリーを法人化し、その法人に建物がある土地を貸し付けているような場合です。

④貸付事業用宅地

貸宅地、アパートなどの貸家建付地、アスファルト舗装や屋根などの構築物のある駐車場の土地のことです。次の要件をすべて満たした場合に２００㎡まで50％の減額になります。

・被相続人の貸付事業を引き継ぐ親族がいる

・貸付事業を引き継ぐ親族が、その土地の一部または全部を取得し、申告期限まで貸付事業を継続する

＊

小規模宅地等の評価減の特例を受けるには、原則として相続税の申告期限までに遺産分割協議が調っていることが条件になります。また、特例によって相続税がゼロになる場合でも、相続税の申告書を提出しなければ、特例の適用は認めてもらえません。

もしも、申告書の提出後に小規模宅地等の評価減の特例が適用できることがわかったときは、更正の請求などによって減額分の還付を受けることも可能です。

特定の小規模宅地等の要件をクリアできなかった宅地については、以前は２００㎡まで50％の減額ができる救済措置がありました。しかし、平成22年の法改正で、現在ではその適用を受けることができません。

とはいえ、小規模宅地等の評価減の特例は、不動産を相続する際には依然として非常に大きな節税効果をもたらしてくれます。この特例を上手に利用することが、相続税対策の決め手ともいえます。

この項の最後に、ご高齢の親御さんを持つ読者の方に向けて、一つだけつけ加えておきます。ご両親の一方が亡くなり、残された母親（もしくは父親）が自活できないような状態になったときの、介護施設の選び方に関してです。

親が実家で独り暮らしだったり、同居していても仕事の都合などで親の面倒を十分に見ることができないために、親に老人ホームに入ってもらうケースも増えています。その際、特別養護老人ホームではなく、有料老人ホームという選択肢も出てきます。

民間の有料老人ホームには、所有権や終身利用権などの権利が付随しているところがあります。こういった権利付きの老人ホームに親が入所し、そこで亡くなった場合、親の「住まい」は老人ホームであると見なされ、実家の土地を子どもが相続するときに、特定居住用宅地の評価減の特例の適用が認められないことがありました。

元気になったら戻ってきてほしい――そういう思いを抱きながら親に老人ホームに入ってもらい、いつ戻ってきてもいいように実家を売らずにいたとしても、亡くなるまで住んでいなかった実家は被相続人の「住まい」とは認められないという判例が、残念ながらあったのです。

私は、とても納得がいかない考え方だと眉をひそめていたのですが、「平成25年度税制改正法案」で、ようやくこの不合理に対する手当がなされました。被相続人に介護が必要であり、なおかつ自宅を賃貸の用に供していないことを前提として、被相続人が権利付きの有料老人ホームに入居している場合であっても、元の実家を「住まい」として認め、特定居住用宅地の評価減の対象とすることが示されたのです。適用時期は平成26年以降となります。

●――生前贈与の大幅緩和措置に注目

「平成25年度税制改正法案」施行により、平成27年からは相続税は大幅な増税になる見込みです。その一方で、贈与税については緩和措置が盛り込まれています。

贈与税は、相続税を補完するものとして位置づけられていますが、相続税に比べて税率が高く設定されています。しかも、贈与税を納めた財産であっても、前述したように被相続人が亡くなる前3年以内に贈与された財産は、もらった後であるにもかかわらず相続財産として加算しなければなりません。

平成15年度の税制改正では、**「相続・贈与税一体化措置（相続時精算課税制度）」**が導入されました。これは、相続財産と贈与財産を合算して税額計算するもので、この制度を選択すると、贈与財産2500万円までが非課税（非課税枠を超えた金額には一律20％が課税され、仮納税してから相続時に精算する）となり、相続が発生したら贈与財産を相続財産に加えて税金を納めることになります。ですから、相続財産の中に生前に贈与された2500万円の財産を含めても相続税がかからないのであれば、2500万円の財産を課税されずに贈与することが可能になるわけです。

この制度を選択するかどうかは、贈与される側（親から子どもへの贈与であれば子どもの側）が決めることですが、必ずしも一般的に広く利用されているとは言い難い状況でした。しかし、「平成25年度税制改正法案」では、税率構造や適用対象者について大幅な緩和措置が盛り込まれたのです（**表2**参照）。

これにより、贈与は「生前に行う相続の一形態」として、多くの人が相続税対策のために活用するものと考えられます。子どもの立場からすれば、親が元気なうちから

表2：贈与税の税率緩和（一部強化）

<table>
<tr><th rowspan="3">基礎控除後の課税価格</th><th colspan="2" rowspan="2">現 行</th><th colspan="4">改正後</th></tr>
<tr><th colspan="2">一 般</th><th colspan="2">20歳以上の者への直系尊属からの贈与</th></tr>
<tr><th>税 率</th><th>控除額</th><th>税 率</th><th>控除額</th><th>税 率</th><th>控除額</th></tr>
<tr><td>200万円以下</td><td>10%</td><td>－</td><td>10%</td><td>－</td><td>10%</td><td>－</td></tr>
<tr><td>300万円以下</td><td>15%</td><td>10万円</td><td>15%</td><td>10万円</td><td rowspan="2">15%</td><td rowspan="2">10万円</td></tr>
<tr><td>400万円以下</td><td>20%</td><td>25万円</td><td>20%</td><td>25万円</td></tr>
<tr><td>600万円以下</td><td>30%</td><td>65万円</td><td>30%</td><td>65万円</td><td>20%</td><td>30万円</td></tr>
<tr><td>1,000万円以下</td><td>40%</td><td>125万円</td><td>40%</td><td>125万円</td><td>30%</td><td>90万円</td></tr>
<tr><td>1,500万円以下</td><td rowspan="4">50%</td><td rowspan="4">225万円</td><td>45%</td><td>175万円</td><td>40%</td><td>190万円</td></tr>
<tr><td>3,000万円以下</td><td>50%</td><td>250万円</td><td>45%</td><td>265万円</td></tr>
<tr><td>4,500万円以下</td><td rowspan="2">55%</td><td rowspan="2">400万円</td><td>50%</td><td>415万円</td></tr>
<tr><td>4,500万円超</td><td>55%</td><td>640万円</td></tr>
</table>

財産を引き継ぎやすくなったということでもあるのです。

では、生前贈与で得をするのは、どんな場合でしょうか。「平成25年度税制改正法案」では、「相続時精算課税制度」の贈与者と受贈者の対象も拡大されています。贈与者は、「65歳以上の父母」から「60歳以上の父母・祖父母」に広がり、一方、受贈者も、従来の「**推定相続人**（現状のままで相続が開始されれば直ちに相続人となるはずの人）である20歳以上の子」に「20歳以上の孫」が加えられました。

親が60歳になっていれば、２５００万円までの財産は非課税で贈与を受けることができます。しかし、あわてて自宅の不動産などを贈与してもらうと、親が亡くなってから思わぬ損をしてしまうこともあります。

たとえば、評価額が２０００万円の自宅の土地・建物を相続時精算課税制度を利用して贈与してもらったとします。10年後に親が亡くなり、相続になったとき、自宅の土地・建物を相続財産に加えなければなりませんが、このときの価額は親の死亡時の時価ではなく贈与時の評価額です。

10年も経てば、不動産の評価額が下落している場合もあります。仮に親の死亡時に自宅の不動産の評価額が１０００万円に下がっていたとしても、相続財産を計算するときには、贈与時の評価額である２０００万円を加算しなければならないのです。言ってみれば、１０００万円に値下がりした財産を２０００万円で相続するということで、その差額の１０００万円のために、相続税が高くなる可能性も十分考えられるわけです。

一方、収益性のある土地や建物であれば、相続時精算課税制度を利用した生前贈与は非常に有効な相続税対策になります。

たとえば、駐車場やアパートなどです。年間400万円の家賃収入があるアパートを父親が所有している場合を想定してみましょう。アパートの不動産評価額は土地が8000万円、建物が2000万円だったとき、土地の名義は父親のままで、建物のみを子どもが贈与してもらいます。アパートの家賃収入は土地ではなく建物の所有者の財産になりますから、単純に計算すれば10年間で4000万円の収入を子どもは得られることになります。

10年後に父親が亡くなり、2000万円だった建物の評価額が1000万円に下落していたとしても、その差額を上回るだけの利益が子どもの手元には残ります。また、家賃収入で得た現金は、相続税がかかったときに納税資金に充てることができるわけです。

相続時精算課税制度を利用して土地を生前贈与してもらった場合でも、その土地で駐車場を経営したり、資材置き場などとして貸与すれば、収益性を持たせることもできます。

なお、相続時精算課税制度を利用して贈与された土地は、**「生計の資本としての贈与」**（生計の基礎として役立つようなある程度まとまった額の贈与）にあたるため、受贈者は、第3章で触れた「特別受益者」に該当し、遺産分割協議においては、この贈与は特別受益として相続分に加算して考慮されることとなります。しかし、受贈者の権利は基本的に贈与時に確定しており、遺留分侵害等の例外的な問題がない限り、自宅や不動産賃貸事業を先取りできるメリットは大きいと言えるでしょう。

効果的な節税対策1　暦年贈与

大きな節税効果が得られる方法として、いま注目されているのは**「暦年贈与」**です。贈与では、受贈者が相続時精算課税制度を選択しなければ、もらった財産に対して通常の贈与税がかかります。贈与税は、日本の税制の中でもっとも高い税金ですが、それでも1年間に110万円の基礎控除額があります。これをフルに活用するのです。

たとえば、親から子へ1000万円の現金を贈与するとします。1回で贈与すれば

231万円の贈与税が課税されます。
（1000万円〔課税価格〕－110万円〔基礎控除額〕）×0・4〔税率〕－125万円〔控除額〕＝231万円〔贈与税額〕

しかし、毎年100万円を10年間にわたって贈与すれば、年間の贈与額は基礎控除額の範囲におさまりますから、贈与税は0円です。基礎控除枠を目一杯つかって、毎年110万円ずつ親から贈与してもらえば、10年間で1100万円が無税で子どもの財産になります。この方法を3人の子どもに活用すれば、3300万円。それだけの金額が、相続税の課税対象となる親の財産の中から、税金を払うことなく減らせる（子どもが引き継げる）というわけです。

ただし、相続開始前3年以内の贈与は相続財産に加えられますから、この方法を親が亡くなる年まで続けていたとしたら、3年分の贈与額（一人あたり330万円）は相続税の課税対象となります。

また、親から子へ暦年贈与を行う場合は、注意しなければならない点があります。わかりやすく説明するために「110万円ずつ10年」といった書き方をしましたが、同額の贈与を定期的に行うと、相続の際に贈与税が課税されることがあります。たとえば、毎年子どもの誕生日に親が１００万円ずつ10年間贈与していたようなケースでは、「１０００万円の贈与を分割して行った」と見なされることがあるのです。

これを回避するには、贈与額や贈与する日付を毎年変えたりする工夫が必要です。また、金額についても、基礎控除額の１１０万円にこだわって、１１０万円、１０９万円、１０９万５０００円などという贈与を繰り返していると、税務署から睨まれることもあります。ですから、ときには基礎控除額を超えた金額を贈与してもいいでしょう。１１５万円の贈与でも、支払う贈与税は５０００円（超過分の５万円×10％）です。税務署からつまらないことを言われないためのコストだと考えれば、決して高くはないと私は思います。

効果的な節税対策２　住宅取得資金の贈与

また、平成24年より取得する家屋が省エネ等住宅か否かに応じて以下のような非課

贈与開始年ごとの非課税限度額

住宅の種類＼贈与年	平成 24 年	平成 25 年	平成 26 年
省エネ等住宅*	1,500 万円	1,200 万円	1,000 万円
上記以外の住宅	1,000 万円	700 万円	500 万円

＊「省エネ等住宅」とは、住宅性能証明書等により、省エネ等基準（省エネルギー対策等級４相当以上であること、耐震等級２以上又は免震建築物であること）に適合する住宅。

税枠が定められている、**「直系尊属から住宅取得等資金の贈与を受けた場合の非課税」**も、相続対策になると同時に、次世代の住宅取得を促進するメリットが大きく、大いに活用を検討すべき税制と言えるでしょう。

ここでいう住宅の取得は、本来的には、家屋の取得または工事費が１００万円以上の増改築を想定したものですが、住宅用家屋の敷地として同時取得されること、家屋を新築するための敷地として先行取得されることなどを条件に、土地・借地権の取得も対象になります。

なお、この特例には、受贈者の年齢制限（20歳以上）、所得制限（２０００万円以下）、購入する家屋の床面積制限（登記面積が50〜２４０㎡）、中古住宅を購入する場合の経過年数制限（耐震基準適合住宅等は制限無し、耐火建築物は築25年以内、非耐火建築物は築20年以内）、居住要件（原則として贈与を受けた年の翌年3月15日までに受贈者の居住用家屋を購入（増改築も可）し、居住すること）などが定められていますので、これらの要件の全てに合致しているか否かにつき、十分に留意する必要があります。

また、この制度は「非課税措置」ですので、その後、3年以内に贈与者である父母・祖父母に相続が発生したとしても、相続開始前3年以内の贈与財産としてこの住宅取得資金の額を相続財産に加算する必要はなく（ただし、贈与税の基礎控除額の110万円と組み合わせてこの特例を使った場合には、基礎控除額の110万円分は加算する必要があります）、リスクやデメリットのない相続税対策として、積極的に活用する価値があると言えます。

効果的な節税対策3　教育資金の一括贈与

もう一つ、「平成25年度税制改正法案」において、注目すべき減税措置が盛り込まれました。それは、父母・祖父母から30歳未満の子・孫への教育資金の一括贈与にかかわる非課税措置の創設です。

平成25年4月1日~平成27年12月31の2年9カ月の間に、父母・祖父母が30歳未満の子・孫に対して教育資金（学校の入学金・授業料等）を拠出し、信託銀行等に信託した場合には、1500万円（塾など学校以外への支出の場合には500万円）まで、贈与税を課さないというのです。

この制度は、緊急経済政策の一環として盛り込まれたため、恒久税制ではなく、法律自体に期限のある時限立法ではありますが、国の将来を左右する側面もある教育という極めて今日的なテーマにスポットを当てた着眼点が素晴らしいと思います。また、子や孫を思う父母や祖父母の経済行為を税制が支援するものとも言え、一定の相続税の節税効果も期待できることから、喜ばしく、使い勝手のいい税制なのではないでしょうか。

なお、この税制の立法趣旨を補完するため、資金を預かる信託銀行等には、拠出された資金が教育資金に充てられたことを立証する書類の保存義務が課されます。また、受贈者である子や孫が30歳に達した時点で、教育資金として使い切れなかった残余があった場合には、その子や孫が30歳の誕生日にその残った預金の一括贈与を受けたものとみなして、贈与税が課税されることとなります。

おわりに

〝修羅場〟と表現したくなるような場面を、私は何度も目にしてきました。その中でも、とても印象に残っている家族があります。それは、ある旧家でした。

お父様が若くして急死し、相続の問題はまさに突然の出来事として家族に降りかかりました。相続人は配偶者であるお母様と、長男、長女、次男の4人です。3人の子どもたちは、普段から折り合いが悪かったのか、遺産分割協議は話し合いというよりも罵り合いに近い雰囲気でした。腹の底にたまっていた恨み辛みを吐き出すかのように、子どもたちはお互いの悪口を並べ立てます。その横で、お母様はただただ声を上げて泣いていました。

ですが、私の印象に残ったというのは、そんな光景ではありません。

もめにもめた遺産分割協議でしたが、半年ほどかかって、どうにか調《ととの》えることができました。そして、遺産分割協議書を作成し終えたときに、私は4人のご遺族に、こう申し上げたのです。

「無事に相続の話し合いが終わったことを、お父様にご報告しなければなりませんね。みなさんで、ご仏前にお線香をあげませんか?」

遺産分割協議が調《ととの》ったら、亡き人のご仏前にお線香をあげることを、私はいつもご遺族に勧めています。このときも、お母様、長男、長女、次男と、順番にお線香をあげたのですが、最後に次男がお線香をあげ終わったそのとき、お位牌のあたりからコトッという音が聞こえたのです。

別に、摩訶不思議な話をするつもりはありません。古い家屋でしたから、どこかが軋んだだけかもしれません。でも、その音が聞こえた直後、4人のご遺族はお互いに顔を見合わせながら、こんな会話をされたのです。

「いま……、聞こえたよね」

「聞こえたよ、位牌のところで」

「お父さん、何か言いたかったんじゃないの」

「散々もめてたから、やきもきしながら向こうから見ていたんだろうな」

「だとしたら、みっともないところを見られちゃったな」

「うん。もしかしたら、お前たち、いい加減にしろって、ずっと怒っていたのかもね」

「あの場にお父さんがいたら、3人ともひっぱたかれてたんじゃない？」

「それだけじゃ済まないだろう。遺産なんか誰にもやらんって言って、どこかに寄付しちゃったかも」

「でも、どうにか話はまとまったんだから、たぶん納得してくれたんじゃないの」

「そうだといいけど」

「お父さん、ちゃんと見ているんだな」

「見てるってわかってたら、けんかになんかならなかっただろうにな」

言葉を交わすご遺族の表情は、もめていたときとは別人のように穏やかでした。その表情が、私の心にとても印象深く残っているのです。

亡き人に納得してもらう――。それこそが、遺族に課された「相続」という宿題の〝答え〟なのではないでしょうか。引き継ぐのは、失った人の尊い遺志です。相続する者は、「故人に見守られている」という気持ちを決して忘れてはなりません。

〝相続争い〟という言葉には、とても悲しい響きがあります。争いは、勝つために始めることです。しかし、自分の人生の終焉によって生じた相続で「誰かが勝つ」ことなど、亡き人が望んでいるはずがありません。

相続は、争いになった時点で全員が敗者です。どんな相続でも、争わずに円満に調《ととの》う道が必ずあるということを、本書の中から感じ取っていただけることを、私は心から願っています。

著者

本書を読んで、相続に関してさらに詳しく
お知りになりたい方は、
下記ホームページをご覧ください。

http://legacy.ne.jp/lp/

＊知って得する相続メールマガジンも無料配信中！

税理士法人レガシィ／株式会社レガシィ
〒100-6806
東京都千代田区大手町 1-3-1 JAビル6F
電話：03-3214-1717　FAX：03-3214-3131

著者略歴

天野　隆（あまの・たかし）

税理士法人レガシィ代表社員税理士。株式会社レガシィ代表取締役。
公認会計士、税理士、宅地建物取引主任、CFP。
1951年生まれ。慶應義塾大学経済学部卒業。アーサーアンダーセン会計事務所を経て、1980年より現職。累計3,190件、相続税申告等件数日本一であり、専門ノウハウと対応の良さで紹介者から絶大な支持を得ている、税理士法人レガシィの代表社員税理士として注目されている。おもな著書に『大増税でもあわてない相続・贈与の話』（ソフトバンク新書）、『絶対に損したくない人のための相続・贈与』（フォレスト出版）、共著に『親を見送るときに役立つお金と心の本』（主婦の友社）などがある。

【大活字版】

いま親《おや》が死《し》んでも困《こま》らない相続《そうぞく》の話《はなし》

2018年11月15日　初版第1刷発行

著　者：天野《あまの》　隆《たかし》

発行者：小川　淳
発行所：ソフトバンク クリエイティブ株式会社
〒106-0032　東京都港区六本木 2-4-5
電話：03-5549-1201（営業部）

法務監修：弁護士 松下雄一郎（小山法律事務所）
編集協力：伴田　薫
イラスト：中村あゆみ
装　幀：ブックウォール
組　版：アーティザンカンパニー株式会社
印刷・製本：大日本印刷株式会社

本書は以下の書籍の同一内容、大活字版です
SB新書「いま親が死んでも困らない相続の話」

ISBN 978-4-7973-9959-2